COUR D'APPEL DE DOUAI.

1re Chambre.

LES SOCIÉTÉS RÉUNIES

DE

THIVENCELLES, FRESNES-MIDI et SAINT-AYBERT

APPELANTES.

CONTRE

LA COMP. D'ANZIN

INTIMÉE.

Audience du 25 juin 1849.

Plaidoirie de Me ALLOU

avocat à la Cour d'appel de Paris, docteur en droit.

Messieurs, cette affaire est digne de toute l'attention et des plus consciencieuses méditations de la Cour ; les intérêts qui s'y trouvent engagés sont considérables, les questions de droit qu'elle soulève, sont de l'ordre le plus élevé. D'une part, en effet, vous êtes appelés à décider de la propriété même d'un de ces trésors souterrains que recèle si abondamment votre sol fécond ; trésor jusqu'ici à l'abri de toute atteinte et qui semble, d'après les explorations déjà faites, s'étendre à l'infini en couches inépuisables. D'un autre côté, les questions qu'il nous faut agiter ici sont les plus délicates sans contredit de notre vieux droit ; questions féodales, domaniales, coutumières, graves en elles-mêmes, graves encore par les événements historiques considérables, à l'occasion desquels elles s'élèvent. Les faits sont d'ailleurs nombreux et compliqués, les documents multipliés. Je ferai tout, Messieurs, pour resserrer cette discussion dans ses plus étroites limites et pour la ramener à ses termes les plus précis. Quand ce ne serait pas mon premier devoir d'épargner les moments précieux de ceux qui m'écoutent, ce serait, à coup sûr, mon premier besoin, comme dans toute bonne cause, d'éclaircir ce débat en le simplifiant.

Voici les circonstances dans lesquelles il s'est engagé :

Dans le courant du mois de mars 1833, les *Sociétés réunies* au nom desquelles je me présente, ont procédé à d'importants travaux de recherche dans la partie Est du territoire de Condé ; la présence de la houille a été constatée sur trois points distincts.

Une demande en concession a été introduite ; la Comp. d'Anzin a formé opposition à cette demande, comme concessionnaire, en vertu de titres remontant à 1749 et 1754, de tout le territoire, sans exception, sans limites, de Condé, vieux Condé et Hergnies. Le 24 avril 1845, la Comp. d'Anzin nous a assignés devant le Tribunal de Valenciennes en discontinuation des travaux entrepris et en réparation du préjudice qu'ils lui avaient causé. L'administration a élevé le conflit, et la question a passé dans le domaine administratif. Le conseil général des mines s'en est emparé ; il l'a longuement élaborée et elle est arrivée enfin au conseil d'État comme question contentieuse ; là elle a été résolue par avis du 22 août 1848, suivi d'un décret du pouvoir exécutif du 15 septembre.

Le débat se présentait devant le conseil d'État sous plusieurs faces, qu'il importe dès à présent de préciser.

La Comp. d'Anzin prétendait d'abord que sa situation avait été fixée en 1806 d'une manière définitive par le conseil d'Etat lui-même, qu'il était impossible de débattre à nouveau, vis à vis d'elle, aucune question de délimitation territoriale. Elle disait que le conseil d'État avait, en effet, à l'époque indiquée, repoussé l'action en déchéance contre elle introduite par une compagnie Lasalle, Belliard et Berthier.

Les *Sociétés réunies* écartaient cette fin de non-recevoir : elles soutenaient que la question de 1806 n'était pas la question actuelle, qu'une question de déchéance s'agitait alors contre la Comp. d'Anzin, en raison des formalités prescrites par la législation nouvelle sur les mines, et méconnues par elle. La question d'étendue et de délimitation de la concession de la Comp. d'Anzin était restée entière à côté de la question de déchéance résolue.

Les *Sociétés réunies* arrivaient au fond du débat, et elles disaient : Les droits de la Comp. d'Anzin viennent du duc de Croï. Or la concession de 1749, la seule dont on s'occupe aujourd'hui, n'attribuait au duc de Croï que *ses terres au-delà de l'Escaut ;* il y a là une désignation topographique et une désignation de propriété. Les mots *ses terres* ne peuvent s'entendre que du territoire dont le duc de Croï avait le domaine utile, de celui peut-être qui rentrait dans sa mouvance, tout au plus de celui sur lequel il avait droit de haute justice.

Or, la portion de terrain où les fouilles des *Sociétés réunies* ont eu lieu, ne dépendait pas des terres du duc de Croï, à l'époque de sa concession, soit à titre de pleine propriété, soit à titre de dépendance féodale, soit enfin à titre même et seulement de circonscription de juridiction. Le roi de France en effet était le véritable propriétaire, le seul seigneur et le seul haut justicier de toute cette partie de Condé, désignée alors sous le nom de Seigneurie Gagère et de quart du Bois du Roi. Dès lors, la Comp. d'Anzin, ne pouvant exercer d'autres et de plus amples droits que ceux qui appartenaient à son auteur, venait, sans titre et abusivement arrêter les travaux entrepris par une société rivale, dans cette direction.

La Comp. d'Anzin n'acceptait pas le débat ainsi posé. Elle entendait y introduire une question subsidiaire qu'elle formulait ainsi : La concession de 1749 ne comprenait-elle pas tout le territoire sur lequel le duc de Croï exerçait en fait, à cette époque, la haute justice, indépendamment d'ailleurs de son droit même à l'exercer?

L'avis du conseil d'État et le décret du pouvoir exécutif ont dégagé le débat de toutes ces question successives échelonnées, pour le ramener à une seule. Mais comme cette question avait un caractère civil, et non pas purement administratif, l'appréciation a dû en être réservée aux juges originairement saisis. Nous avons été renvoyés, en effet, devant le Tribunal de Valenciennes, et voici dans quels termes :

. . . .

Sur le moyen opposé par la Compagnie d'Anzin, et tendant à ce qu'il soit déclaré que la question de délimitation de la concession a été définitivement résolue par le décret des 24 - 31 mars 1806 ;

Considérant que, par le décret susvisé, il a été décidé que les sieurs Désandrouin, Taffin, etc., possèdent les mines de houille d'Anzin, Fresnes, Raisnes, Condé et Hergnies, partie comme concessionnaires originaires, partie comme acquéreurs de domaines nationaux, qu'à ces deux titres ils ont rempli les formes voulues par les lois, qu'il n'y a contre eux aucune cause de déchéance d'aucune desdites concessions des mines de Vieux-Condé et Hergnies, malgré les demandes formées par la Compagnie Lassalle et autres ; mais que ce décret n'a eu ni pour but, ni pour effet, de restreindre ni d'augmenter les concessions accordées par les arrêts du conseil du 14 octobre 1749 et 21 avril 1751 ; que, dès lors, il ne fait pas obstacle à ce que soit donnée l'interprétation des arrêts du conseil en date des 14 octobre 1749 et 21 avril 1751.

Sur l'arrêt du 14 octobre 1749 ;

Considérant que la permission sollicitée par ledit sieur de Croï, conformément aux prescriptions du réglement du 14 janvier 1744, à l'effet d'extraire des charbons de ses terres de Condé et Vieux-Condé, a été sollicitée par lui, en sa qualité de haut justicier, et en raison du droit de préférence que lui donnaient les coutumes sur les terres soumises à *son droit de haute justice*, qu'elle lui a été accordée par l'arrêt du 14 octobre 1749, en ladite qualité et sans distinction entre les terres dont il était propriétaire et les terres sur lesquelles, en qualité de haut justicier, *il avait droit de haute justice* ; qu'il n'y a lieu, dès lors, de limiter ladite permission aux terres dont ledit sieur de Croï était propriétaire foncier.

Considérant qu'il résulte de l'instruction que les mots : *ses terres de Condé et Vieux-Condé au delà de l'Escaut*, contenus audit arrêt du 14 octobre 1749, doivent être entendus de toutes les terres de Condé et Vieux-Condé situées sur la rive droite de l'Escaut, sans distinguer entre les terres sises en amont de Condé et celles qui sont situées au delà de Condé ;

En ce qui touche le droit de haute justice appartenant au sieur de Croï :

Considérant que, s'il est articulé par la Compagnie d'Anzin que le sieur de Croï avait *droit de haute justice* sur la totalité des territoires de Condé et Vieux-Condé, et sans distinction, *l'existence et l'étendue de ce droit* de haute justice sur diverses portions de terres dépendant de Condé et Vieux-Condé *sont contestées* ; qu'il ne nous appartient pas de connaître des questions soulevées par ce litige ;

Sur l'arrêt du 21 avril 1751 :

Considérant que la permission accordée par cet arrêt s'étend sur tout le territoire d'Hergnies ;

Le conseil d'État entendu, décrète ce qui suit :

ART. 1ᵉʳ.

Il est déclaré : 1° que le décret des 24 31 mars 1806 n'a eu ni pour but ni pour effet d'étendre ou de restreindre les permissions contenues aux arrêts du conseil des 14 octobre 1749 et 21 avril 1751 ; 2° que la permission accordée au sieur de Croï, par l'arrêt du conseil du 14 octobre 1749, comprend tout le territoire de Condé et Vieux-Condé situé sur la rive droite de l'Escaut, et soumis en 1749 *au droit de haute justice dudit sieur de Croï*, sans distinction entre les terres dont il était propriétaire foncier et les terres qui étaient seulement soumises *à son droit de haute justice* ; 3° que la permission accordée au sieur de Croï, par l'arrêt du conseil du 21 avril 1751, comprend tout le terrain de Hergnies.

ART. 2.

Le surplus des conclusions des parties est rejeté.

ART. 3.

Les dépens sont compensés entre les parties.

ART. 4.

I.e ministre des travaux publics et le ministre des finances sont chargés, chacun en ce qui le concerne, de l'exécution du présent décret.

Approuvé, le 15 septembre 1848,

Par le président du conseil, chargé du pouvoir exécutif,

Signé : E. CAVAIGNAC.

Le ministre de la justice, *Signé :* MARIE.

Devant le Tribunal de Valenciennes, nos adversaires n'ont rien aban-
donné de leurs prétentions premières. Ils ont insisté complaisamment
sur toutes les circonstances qui leur semblaient de nature à constater
en fait l'exercice de la haute justice par le duc de Croï, en 1749, sur la
seigneurie Gagère et le quart du bois du roi. Les *Sociétés réunies* se sont
efforcées de ramener toujours le débat sur le terrain du droit lui-même.

Les considérations sur lesquelles nous insistions alors, trouveront
tout à l'heure leur place dans la discussion que nous devons aborder
devant la Cour. Ces premières explications suffisent pour rendre parfaitement intelligibles à l'esprit de ceux qui m'écoutent, les termes du
jugement dont est appel. S'y arrêter dès à présent plus longuement, ce
scrait s'exposer à des redites ; les actes et les faits sont ici trop intime-
ment mêlés à la discussion même pour qu'il soit possible d'en faire
un complet exposé avant cette lecture. La Cour me permettra
donc de placer dès à présent sous ses yeux la décision des premiers juges et de la prendre pour point de départ des explications
que je suis appelé à l'honneur de lui soumettre :

« Considérant que l'avis du conseil d'Etat du 30 août 1848, statuant par forme d'interprétation des
arrêts du conseil du roi, en date des 14 octobre 1749 et 20 avril 1751, a posé en fait :

Que le prince de Croy n'avait sollicité et obtenu l'autorisation d'extraire les charbons de ses terres
de Condé et Vieux-Condé qu'en sa qualité de *haut justicier*, et seulement à raison du droit de préférence que les coutumes lui donnaient sur les terres soumises à *son droit de haute justice*, sans distinguer entre ces terres et les biens dont il était propriétaire foncier ; ensuite a déclaré :

1° « Que le décret du 24-31 mars 1806 n'a eu, ni pour but, ni pour effet, d'étendre ou de res-
• treindre les permissions contenues aux arrêts du conseil du 14 octobre 1749 et 20 avril 1751 ;

• 2° que la permission accordée au sieur de Croy, par l'arrêt du conseil du 14 octobre 1749, com-
« prend le territoire de Condé et Vieux-Condé, situé sur la rive droite de l'Escaut, et soumis en
• 1749 au *droit de haute justice dudit sieur de Croy*, sans distinction entre les terres dont il était
• propriétaire foncier, et les terres qui étaient soumises seulement à *son droit de haute justice* ; » mais
la Compagnie d'Anzin, articulant, ce qui fut contesté, que le prince de Croy avait *le droit de haute
justice* sur la totalité du territoire de Condé et Vieux-Condé, le conseil d'Etat ne put connaître d'un

litige qui ne portait plus que sur l'existence et l'étendue *d'un droit de haute justice*, dont l'appréciation devenait de la compétence exclusive des tribunaux ordinaires ;

Que cet avis du conseil d'Etat du 30 août 1848, comme les débats à l'audience, réduisent donc nécessairement le procès actuel à l'*unique question de savoir* si, en 1749, le prince de Croy avait ou non la haute justice sur la *totalité* ou seulement *sur diverses portions* des territoires de Condé et Vieux-Condé : conséquemment sur quelle étendue de terrain il avait le droit d'extraire la houille ?

Que ce point décisif, si habilement expliqué de part et d'autre, ne peut trouver sa solution que dans les principaux faits de la cause, rapprochés des moyens respectifs des parties, des documents produits, des lois relatives à la matière ;

Considérant que la ville et le territoire de Condé se divisaient par moitié entre la *seigneurie propriétaire* ou de Bailleul, et la *seigneurie gagère ou du château*, dont le bois, *dit du Roi*, faisait partie ;

Que, bien antérieurement au 14 octobre 1749, des documents établissent (ce qui, d'ailleurs, n'est pas contesté) que le prince de Croy exerçait la haute justice sur la *totalité* des territoires de Condé et Vieux-Condé, sans jamais, pendant plusieurs siècles, avoir rencontré la plus légère opposition, ni d'aucun seigneur, ni des rois de France, ni d'aucun autre souverain :

Que, *si l'exercice d'un droit n'est pas toujours le droit en lui-même*, il faut cependant reconnaître qu'à défaut de titre attributif de la haute justice, une aussi longue jouissance devrait, selon tous les jurisconsultes anciens et modernes, le bon sens et la raison, suffire pour en justifier la légitimité et la faire regarder comme preuve suffisante du droit de haute justice, au profit de celui qui l'exerça ; à moins toutefois qu'un adversaire, ici les Sociétés réunies de Thivencelles, ne puissent, comme elles le prétendent, établir que ce long exercice de la haute justice n'a été, de la part du prince de Croy et de ses prédécesseurs, qu'un abus, une véritable usurpation du droit.

L'avocat des Sociétés de Thivencelles et Fresnes-Midi, pour arriver à la preuve que l'exercice de la haute justice par le prince de Croy sur la seigneurie gagère et le quart du bois du roi, n'était de sa part qu'un abus, une véritable usurpation, invoque les raisons suivantes :

Seigneurie gagère. — Le 11 avril 1529, la princesse de la Roche-sur-Yon, par contrat d'échange et de contre-échange, céda ladite seigneurie gagère à François 1er, roi de France.

Quart du bois du roi. — Le quart du bois du roi appartenant aux rois d'Espagne, par suite de confiscation sur l'un de leurs sujets, advint aux rois de France par la conquête de 1678, et, avec elle, vinrent les principes de l'ordonnance de Moulins (1566) : plus de prescription ; une fois le roi de France propriétaire de la seigneurie gagère et du quart de ce bois, comme il ne pouvait relever d'aucun de ses sujets ni de personne, il devenait nécessairement le haut justicier de ces domaines : et ses droits étant toujours restés intacts, en 1749, le prince de Croy n'avait pas l'ombre d'un droit de haute justice sur cette *seigneurie gagère* ; donc aux termes de l'avis du conseil d'Etat du 30 août 1848, pas de concession au profit des mines d'Anzin d'extraire la houille, au moins sur cette dernière portion de terrain ;

Que ce système, malgré son apparente simplicité, recèle la plus sérieuse difficulté du procès, celle de savoir si jamais le roi a pu, *en fait* ou *en droit*, être réputé propriétaire des terres composant cette seigneurie gagère ?

Sur ce point capital :

Considérant que François 1er, roi de France, fait, à Pavie, prisonnier de Charles V, empereur des Romains et roi des Espagnes, et se trouvant sans argent pour satisfaire au prix convenu de sa rançon, ne put se libérer qu'en lui faisant avoir des terres de ses vassaux, situés dans les Pays-Bas, soumis à la souveraineté de son heureux rival ;

Que, par acte du 11 avril 1529, la princesse de la Roche-sur-Yon, pour être agréable à son seigneur et roi, pour retirer le dauphin et le duc d'Orléans, ses enfants, laissés en ôtages ès-mains dudit empereur, s'obligea personnellement, au nom de ses enfants Louis et Charles de Bourbon, dans les termes suivants : « de bailler, céder et transporter ses seigneuries de Leuze et Condé, situées dans le « Hainaut, royaume d'Espagne, audit seigneur élu empereur, selon et au désir du traité de paix (de « Cambrai) et accomplissement d'icelui, pour et au profit du roi François Ier et à sa *décharge* par sa « requête et mandement, pour en jouir par ledit seigneur élu empereur, ses hoirs et successeurs et « aïans cause, ainsi qu'il est dit au traité, avec faculté de rachat à ladite dame audit nom, et pour les « siens ou autrement, ainsi qu'il sera avisé par ses procureurs, auxquels elle donne pouvoir de *soy* « *déshériter*, pour et au nom de ladite dame au profit dudit seigneur empereur, de faire les déshé-« héritements et de consentir aux adhéritements, *personnellement*, selon les coutumes entre les « mains des baillis, hommes et pers de fiefs. »

On lit encore dans l'acte que la faculté de rachat est accordée à François Ier pendant les six premières années; mais qu'il ne devra l'opérer qu'en vertu de procuration au nom de la princesse de la Roche et pour les siens; le tout sous l'obligation consentie par le roi, de donner à titre d'équivalent, de récompense, le comté de Mortaing et la vicomté d'Auge, biens de la couronne; qu'en exécution de ces engagements entre François Ier et la princesse de la Roche, cette dernière céda et transporta *directement* par l'intermédiaire de ses procureurs, ses terres de Condé et Leuze avec acte de déshéritance et d'adhéritance au profit de l'empereur Charles-Quint;

Que le rachat, permis au roi pendant les six premières années, n'ayant pas eu lieu, et conséquemment celui-ci ne pouvant remettre à la princesse, ou plutôt à ses enfants, la seigneurie de Condé et de Leuze aux fins de rentrer lui-même en possession du comté de Mortaing et du vicomté d'Auge, la faculté de rachat fut exercée par le duc de Montpensier sur le baron de Roghendorf, à qui l'empereur avait. à son tour, cédé ses droits sur les terres engagées, les seigneuries de Condé et Leuze;

Que ces divers actes, malgré leur dénomination d'*échange* et de *contre échange* entre le roi de France et la princesse de la Roche, n'étant dans leur esprit comme dans leur exécution, que des engagements au profit d'un tiers, ne sauraient avoir le caractère légal d'un contrat d'échange; d'autant moins que la cession directe de la seigneurie de Condé à l'empereur Charles-Quint n'a été faite que sous la condition *perpétuellement suspensive de rachat;* ce qui écarte toute idée de transmission irrévocable, *condition essentielle de l'échange.*

Que le roi de France n'a donc jamais eu, *en fait*, la propriété de la seigneurie gagère de Condé. et jamais *en droit*; car les formalités si impérieusement exigées à peine de nullité, puisqu'on les regardait en Hainault, et surtout sous la coutume de Valenciennes, comme tenant à l'ordre public, n'ont pas été remplies;

Aucun acte de déshéritance et d'adhéritance exigé par les chartes générales du Hainault, chap. 94, art. 1er, et que la coutume de Valenciennes, dans le ressort de laquelle se trouvait la seigneurie gagère, exigeait, chap. 8, art. 30, de faire *personnellement*, n'eurent lieu en faveur de François Ier comme preuve manifeste et légale de sa propriété des terres composant cette seigneurie; au contraire, tous ces devoirs de loi, rappelés dans le traité même de Cambrai, et que la princesse de la Roche autorise à faire *personnellement* en son nom, en conformité, dit-elle, des coutumes du lieu, toutes ces formalités pour la transmission des biens furent remplies à l'égard de l'empereur Charles-Quint.

Que vainement, on objecte que le roi de France était exempt de pareilles formalités; car, d'une part, les biens dont s'agit étaient hors de France, se trouvaient soumis aux lois locales du Hainault, et ces œuvres de loi étaient si nécessaires, qu'on n'en exempta point l'empereur lui-même, celui qui avait la souveraineté sur ces biens de Condé; la preuve authentique en résulte d'un acte de vente faite par Charles-Quint au baron de Roghendorf, en l'année 1531 ; on y lit : « Et pour ledit vendage

« mieux sortir son effet, lui avons fait **délivrer** la copie authentique des lettres de déshéritement fait
« par la princesse de La Roche des terres de Leuze et Condé ; » rien de plus précis et de plus con-
cluant.

Qu'ainsi donc, les circonstances qui ont précédé, accompagné et suivi le traité de Cambrai, les
procurations et le contrat entre François Ier et la princesse de La Roche-sur-Yon, la nature et l'exécution même de ces divers actes, tout s'accorde pour démontrer clairement que jamais le roi de
France François Ier n'a pu, ni *en fait* ni *en droit*, être, une seconde, réputé propriétaire des terres composant la seigneurie gagère ;

Que, dès lors, évidemment le système des Sociétés réunies de Thivencelles et Fresnes - Midi pèche
par sa base ; et, encore bien qu'elles aient été, ainsi que les intervenants Dubois et consorts, recevables à agir comme intéressés à connaître les limites de la concession du 14 octobre 1749 ; les prétentions contre les mines d'Anzin, n'étant pas fondées, doivent être rejetées en ce qui touche cette
seigneurie gagère ;

Qu'il doit en être de même relativement au quart du bois du Roi, puisqu'il n'arriva aux rois d'Espagne que par suite de confiscation, sur les biens de l'un de leurs sujets, c'est-à-dire avec toutes les
charges et redevances dont il était précédemment grevé au profit du seigneur haut-justicier des villes
et terres de Condé et Vieux-Condé, et que les rois de France succédant aux rois d'Espagne pour ce
quart de propriété indivise avec d'autres copropriétaires, n'ont pu le posséder et en jouir qu'aux mêmes titres et sous les mêmes obligations que leurs prédécesseurs ;

Que la conséquence nécessaire de ce qui précède sera l'obligation, de la part des Sociétés réunies,
de cesser et d'abandonner leurs travaux sur les terrains dont il s'agit ; mais, toutefois, en se référant
à l'art. 555 du Code civil, et à l'équité des mines d'Anzin, qui sauront mettre en pratique la maxime
que *nul ne doit s'enrichir aux dépens d'autrui*, et ne voudraient sans doute pas, sans indemnité,
s'emparer des travaux dispendieux déjà faits par les Sociétés réunies, et dont la Compagnie pourrait
utilement profiter.

En ce qui touche la condamnation aux dommages-intérêts à libeller par état requise par la Compagnie d'Anzin ;

Considérant que les travaux effectués par les Sociétés réunies n'ont point arrêté l'exploitation des
nombreuses fosses à charbon des demandeurs, ni pu leur porter aucun préjudice ; qu'il est temps,
enfin, de mettre un terme à de trop longues discussions entre ces diverses compagnies ; qu'en un
mot, toutes les circonstances de la cause se réunissent pour ne pas accueillir cette demande en condamnation de dommages-intérêts ;

Par ces motifs,

Le *Tribunal* dit les associés intéressés des mines de houille de Thivencelles et Fresnes-Midi, recevables dans leur action, les sieurs Dubois et consorts recevables dans leur intervention, et, statuant
entre toutes les parties, déclare que le *droit de haute justice* du prince de Croï, notamment à l'époque
de la concession par arrêt du conseil du 14 octobre 1749, s'étendait, sans aucune exception, sur la
totalité des territoires de Condé et Vieux-Condé, qui comprenaient les terres connues sous la dénomination de *Seigneurie gagère* et le quart de la forêt dit le *Bois du Roi*.

Déclare, en conséquence, les Sociétés réunies défenderesses et les intervenants mal fondés dans
leurs prétentions contre la Compagnie d'Anzin ; les en déboute ; leur ordonne de cesser sur ces territoires tous travaux pour découvrir ou extraire la houille, de les abandonner immédiatement ; sous
la réserve cependant de l'alternative laissée au propriétaire par le premier paragraphe de l'art. 555
du Code civil ; déclare n'y avoir lieu à la condamnation en dommages-intérêts requise par la Compagnie d'Anzin ; condamne les sieurs Dubois et consorts aux frais engendrés par leur intervention, le
surplus des dépens à la charge des Sociétés réunies de Thivencelles et Fresnes-Midi. »

Voilà, Messieurs, les dispositions du jugement que nous avons cru devoir déférer à votre haute appréciation; si nous voulions nous arrêter à ses formes extérieures mêmes, nous pourrions déjà aisément lui adresser nos critiques.

Nous y voyons mélangés, en effet, de la manière la plus étrange, le style narratif et les considérants judiciaires; c'est quelque chose de singulier aussi, à coup sûr, que cet appel adressé par le juge qui condamne, à la commisération du vainqueur, dans l'intérêt de celui qui succombe. Mais laissons à l'écart tout ce qui pourrait sembler de notre part vengeance de plaideur mécontent, et abordons cette discussion par son grand côté.

Nous espérons, en nous présentant devant vous, que la question est désormais nettement posée.

Le conseil d'État a proclamé qu'il n'y avait pas chose jugée au profit de la Comp. d'Anzin par le décret intervenu en 1806; il a dit qu'il y avait seulement lieu à interprétation de l'acte administratif de 1749, et que la concession de cette époque devait être comprise en ce sens qu'elle embrassait toutes les terres soumises en 1749 au droit de haute justice du duc de Croï. Le jugement de Valenciennes a également admis ce point de départ.

Ainsi c'en est fait, j'espère, de toutes ces citations accumulées en première instance, dans l'intérêt d'une démonstration superflue. Les actes produits comme propres à établir l'exercice de la haute justice en 1749, par le duc de Croï, sur tout le territoire de Condé, n'ont rien à faire ici. Ils sont bien peu significatifs en eux-mêmes; actes de relief, nominations de baillis, certificats d'anciens agents de la maison de Croï, ils n'apportent pas d'une manière complète la preuve même que la haute justice fût véritablement exercée, au milieu du dix-huitième siècle, par le duc de Croï, sur tout le territoire que revendiquent ceux qui le représentent aujourd'hui; mais ces actes, fussent-ils cent fois plus précis, doivent rester étrangers au débat actuel. La production en a été faite devant le conseil d'État. Elle avait alors un sens facile à saisir; elle tendait à obtenir une plus large interprétation du titre administratif que celle que vous connaissez, en appelant le conseil d'État à déclarer que la concession de 1749 comprenait tout le territoire sur lequel le duc de Croï exerçait en fait, à ce moment, la haute justice. Aucun effort n'a été épargné pour lui faire reconnaître ce sens, et nos adversaires ont succombé. Je ne me préoccupe pas de ce qu'il pouvait y avoir de bizarre à soutenir que la concession de 1749, qui, selon eux, a son principe dans le droit des seigneurs haut justiciers du Hainaut, aurait statué sur la demande du duc de Croï, en prenant pour point de départ le fait seulement de l'exercice du droit et non pas la réalité du droit lui-même dans la personne du concessionnaire ; je ne m'arrête pas davantage aux termes si clairs de l'arrêt du conseil de 1749 ; non, je me contente seulement de cette considération : Vous avez porté devant le conseil d'État ce système d'interprétation, le conseil d'État l'a repoussé ; le conseil des mines avant le conseil d'État, en 1844 et 1845, et le ministre des travaux publics, par sa lettre du 31 décembre 1845, lui avaient fait un semblable accueil. Il est maintenant définitivement jugé, et nous pouvons tenir pour constant que la question unique du procès est aujourd'hui celle-ci : Quelle était en 1749 l'étendue du droit de haute justice du duc de Croï ?

Nous avons la prétention d'établir qu'à cette époque une partie du territoire de Condé, les deux points notamment désignés sous le nom de *Seigneurie du château*, ou *Seigneurie gagère* et de *Bois du Roi*, étaient en dehors du droit de haute justice du duc de Croï. C'est là la double démonstration que je poursuis devant la Cour. Je m'efforcerai, en m'y livrant, de ne passer sous silence aucune objection véritablement sérieuse, aucune considération digne de vous préoccuper un instant. Vous me permettrez, Messieurs, de vous entretenir d'abord de la seigneurie gagère ; c'est la partie la plus importante du territoire contesté, et c'est aussi celle à l'occasion de laquelle les questions les plus graves se présentent.

SEIGNEURIE GAGÈRE.

Sous la domination romaine, c'est à Vieux-Condé que se trouvait le centre du territoire dont nous nous occupons ; quand, sous l'influence des invasions germaines, comme moyen de protection et parfois aussi comme moyen de brigandage et de rapines, le château à fossés et à tourelles remplaça partout la métairie romaine, la *villa*, Neuf-

Condé ou Condé s'éleva à côté du premier point de réunion et d'agré-
gation. Ces deux centres firent originairement partie d'une seule et
même terre , la terre de Condé. Il est difficile de préciser exactement
l'époque où s'effectua la division de cette terre en deux seigneuries distinctes. Tout ce qu'il est permis d'affirmer, c'est qu'en 1160, cette
séparation était accomplie ; d'un côté était la seigneurie de Bailleul ,
appartenant à Robert de Condé , et d'un autre côté, la seigneurie du
château appartenant aux seigneurs d'Avesnes. A cette époque , il y
avait pour chaque terre un bailli , c'est-à-dire qu'il y avait là deux
fiefs et deux justices séparées.

La seigneurie de Bailleul passa par mariage dans la famille de
Roghendorf ; la seigneurie du château passa dans la maison de Châ-
tillon-Saint-Paul, puis dans la maison de Bourbon. En 1529, elle
était dans les mains de la princesse de La Roche-sur-Yon Montpensier, chargée de la garde noble de ses fils mineurs.

A cette époque, François Ier, aux termes du traité de Cambrai,
venait de se reconnaître débiteur envers l'empereur Charles Quint de
510,000 écus d'or restants dus sur une somme plus considérable qui
représentait sa rançon. Le roi s'était engagé à faire céder à son rival
heureux, pour garantie même de la dette qu'il reconnaissait, des terres
de ses sujets, en Flandre , en Hainaut et en Brabant. La Cour comprend de quelle importance il était pour le vainqueur d'avoir ainsi en
nantissement des propriétés comprises dans le territoire relevant directement de sa souveraineté. Ces terres devaient être cédées sur le
pied d'un revenu de 22,500 écus d'or.

Les terres de Leuze et de Condé en Hainaut, appartenant à la princesse de la Roche-sur-Yon, se trouvèrent comprises parmi celles qui
furent désignées pour l'accomplissement de la clause du traité.

Pour que le roi pût ainsi faire emploi de la propriété d'un de ses sujets,
il fallait nécessairement qu'il fût libre de disposer, au profit de celui-ci,
de propriétés équivalentes à celles dont l'engagement aux mains de l'empereur était devenu nécessaire. Un contrat d'échange devait tout naturellement avoir lieu ; c'était le seul d'ailleurs qui pût s'allier avec
les exigences de la situation et les grands principes du droit domanial
que nous aurons occasion tout à l'heure de mettre en lumière.

Le 11 avril 1529, un contrat d'échange fut donc passé à Paris, devant les notaires du roi, entre François Ier et la princesse de la Roche-sur-Yon, représentés l'un et l'autre par des mandataires. Aux termes de ce contrat, le Roi échangeait la propriété du comté de Mortain et de la vicomté d'Auge en Normandie, contre celle des terres de Leuze et de Condé, qui devaient être cédées à l'empereur dans les termes du traité de Cambrai. Il est nécessaire que je place sous les yeux de la Cour le contrat même. Il est fort long et je regrette vivement d'être obligé d'imposer à la Cour une semblable lecture.

L'acte fait connaître d'abord les qualités et les pouvoirs des mandataires :

Scavoir faisons que pardevant PhilippesPalanquin et Nicollas Contesse, notaires du Roy notre dict sieur, au Chastelet de Paris, du nombre ancien des soixante, furent présentés nobles hommes et sages messieurs maîstres Pierre Liset, premier président en la Court de Parlement à Paris, Jehan Brissonet, second président en la chambre des comptes, et Mathieu de Longue-Joue, maître des requêtes ordinaires de l'hostel du Roy, conseiller du dict Seigneur ; *au nom et comme procureurs* et ayans pouvoir et mandement espécial *dudict sieur Roy de faire et accorder les chôses cy-apprès contenues ainsy qu'il est plus à plain déclaré par les lettres de procuration,* desquelles il est duement apparu aux dits notaires suscriptz *qui seront transcriptes vers la fin de ces présentes,* d'une part ; et noble homme François de Montigny sieur de la Bonasche, au nom et comme procureur de très haulte et puissante dame Loyse de Bourbon, princesse de la Roche-sur-Yon, comme ayant le bail de Messeigneurs Loys et Charles de Bourbon ses enffants d'aultre part ; lesquelles partyes de leur bon gré et bonnes volontez, sans aulcune contraincte recongneurent et confesserent en la présence et pardevant les dicts notaires, comme en droict jugement, pardevant nous avoir passé et accordé, passent et accordent le traicté cy-apprès déclaré :

Puis vient l'exposé général de la situation du roi :

Comme par le traicté de paix naguère faict en la ville de Cambray, entre le dict sieur Roy et l'esleu empereur, entre aultres choses aict esté convenu et accordé, que pour la somme de cinq cents dix mil escus d'or soleil, faisant partye des deux millions d'escus que le dict sieur Roy a promys par le dict traicté de paix au dict sieur esleu empereur pour la rançon du dict sieur Roy, et la délivrance de Messieurs les Daulphin de Viennoys et duc d'Orléans ses enffants ostages du *dict sieur Roy, bailleroys audict sieur esleu empereur, la rente et revenu de vingt cinq mille cinq cens escus d'or soleil,* qui est à la raison du denier vingt.

Et pour la dicte rente le dict sieur Roy feroist avoir au dit sieur esleu empereur les terres et seigneuryes que madame la duchesse douairière de Vendomoys et aultres subjets du dict sieur Roy, ont es pays d'enbas *que le dict sieur esleu empereur ou ses commis à ce vouldraient choisir et nommer* au prix du denier vingt, jusques à l'entier parfournissement et concurrence de ladicte rente de vingt-cinq mil cinq cens escus d'or telz que dessus, ou l'advenant de telle aultre somme à quoy sera trouvé monter le reste des dicts deux millions d'escus déduitz les dictz douze cent mil escus que le dict sieur Roy doibt paier comptant et les debtes du roy d'Engleterre, *pour par le dict sieur esleu empereu,r ses hoirs, successeurs et ayans cause, jouir et user des dictes terres* et seigneuries par ses mains *à condition de rachapt* tant et jusques à ce que ledit rachapt sera faict.

Ici commencent les obligations de la princesse :

1° Aliénation de Leuze et de Condé. — .... Et pour l'entretenement et accomplissement de ce que dessus *le dictsieur Roy a faict requérir à ma dicte Dame* la princesse à la qualité dessus dicte, *de bailler, cedder et transporter les terres et seigneuries que son dict fils a au pays d'enbas au dict sieur esleu empereur pour et à la descharge d'icelluy sieur Roy, et en fournissant au proffit d'icelluy sieur Roy,* à ce qu'il a promis par le dict traicté de paix dont dessus a été faict mention, en luy baillant bonne et convenable récompense pour ses dictes terres, des terres du domaine du dict sieur Roy et aultres qui ont été offertes par le dict sieur Roy et par elle acceptées, lesquelles seront cy après déclarées soubz les conditions et seuretez toutefoys convenues entre le dict sieur Roy et elle, et *lesquelles terres respectivement accordées estre baillez* tant par le dict sieur Roy que par la dicte dame et seigneur son filz, depuis par ordonnance du dict sieur Roy, ont été évaluées sur les comptes et estatz par les commys et députez dudict sieur Roy, présents les procureurs à ce députez par la dicte dame, et finablement *après avoir entendu l'évalluation qui a été faicte des terres que la dicte dame a en la compté de Hainault et aultres pays d'enbas du dict sieur esleu empereur, et pareillement des dictes terres que le dict sieur Roy a accordé à la dicte Dame, considérant la dicte Dame les remontrances à elles faictes par le dict sieur Roy, qui lui a escript et mandé que le temps dedans lequel il est tenu faire avoir les dictes terres au dict sieur esleu empereur, ne peut souffrir plus ample évalluation, à ceste cause que la dicte Dame eust à passer le dict contract sur la dicte évalluation sommaire faicte sur les dicts comptes et estats* en contemplation de bien de paix, accomplissement d'icelle et du bien publicq qui en adviendra, mesmement de la délivrance de messieurs les enffans du Roy, que la dicte Dame désire de tout son cœur, et aultrement pour la bonne et grande affection que la dicte Dame a de faire service au dict sieur Roy, le dict de Montigny, sieur de la Bonasche, au nom et comme procureur sus-dict, de sa pure, franche et liberalle vollonté, a consenty et accordé, consent et accorde par ces présentes, cedder et transporter au dict sieur élen empereur les terres et sieuries de Leuze et Condé que la dicte Dame, pour et en nom de mon dict sieur son filz, tient et possede audit pays d'enbas du dict sieur éleu empereur.......

2° Obligation d'engager les terres pour le compte du roi. —.... Lesquelles terres dessus dictes ont été évaluées et estimées par les commis des dicts seigneurs Roy et éleu empereur à la somme de deux mil sept cent trois escus d'or, un tiers d'escu de rente et revenu annuel, avec faculté de rachapt pour elle au dict nom et pour les siens, *et pour ce faire la dicte Dame au dict nom constituera ses messagers et procureurs spéciaulx leur donnant plein pouvoir et mandement espécial et irrévocable, de bailler, cedder et transporter ses dictes terres au dict sieur éleu empereur et ses commys et depputez, selon et au désir du traicté de paix,* en accomplissant icelluy *pour et au proffict du dict sieur Roy, et à sa descharge et par sa requeste et mandement,* pour en joyr par le dict sieur éleu empereur, ses hoirs, successeurs et ayans cause ainsi qu'il est dict au traicté, *avec faculté de rachapt la dicte Dame ou dict nom et aux siens, et aultrement,* ainsy qu'il sera advisé par les dicts procureurs et chacun d'eulx, et *de obliger à l'observation et entretenement des dictes* cessions et transports, la dicte dame ou dict nom, mon dict sieur son filz et les siens, avec tous et chacuns ses biens, terres et seigneuries.

3° OEuvres de loi. —.... Obligation *de soy deshériter* pour et en nom de lo dicte Dame ou dict nom, au proffict du dict sieur éleu empereur et ses dicts commys et depputez, des dictes terres et seigneuries qui seront ainsy ceddez par les procureurs de la dicte Dame au dict nom au dict sieur éleu empereur, *entre les mains des baillifs, hommes et pers de fiefs dont les dictes terres et seigneuries sont tenues et mouvans et partout ailleurs où il sera besoing et requis* et consentir que le dict sieur éleu empereur ou ses commys et depputez en soyent adhéritez, *et faire toutes œuvres de loy requises* par les coustumes des dicts pays, promettans, sur la dicte ypothèque et obligation de tous et chacuns ses dicts biens, faire les dicts deshéritements, et *consentir auxdicts adhéritements personnellement pardevant les baillifs, hommes et pers de fiefz qui seront envoyez devers elle à cette fin*, sy faict ne la, quant aux terres sictuées et assises es lieux esquels par la coustume d'iceux est requis les dicts deshéritements estre faictz personnellement, et avoir agréable, ferme et stable tout ce que par les dicts procureurs et chacun d'eux seul et pour le tout sera faict et accordé ès choses que dessus, tout ainsy et par la forme et manière que sy la dicte dame ou dict nom l'avoyt accordé combien que la chose requist mandement plus espécial que celluy qui est contenu cy dessus, et de n'y jamais contrevenir en matière que ce soit, et soubz l'obligation et ypothèque de tous et chacuns des biens de mon dict sieur son filz, *accordant de ce que aessus estre par les dicts nottaires baillé instrument séparé au dict sieur Roy* en bonne et ample forme, *les quelles dessions et transportz accordez par la dicte Dame princesse ou dict nom par le dict de Montigny son procureur, à la requeste et mandement dudit sieur Roy, et à son proffit et descharge, le dict sieur Roy comme les dicts procureurs ont dict et affirmé et répute estre faictz comme à luy mesme*, et pour le grand bien et utilité de son Royaume et de la chose publique et délivrance de mes dicts seigneurs les enffans et que sans ce le dict traicté de paix n'eust point esté accomply et entretenu.

Voici maintenant quels engagements le roi prend de son côté :

Aliénation d'Auge et Mortaing. — A cette cause, les dicts procureurs ont accordé en *contreschange* à la dicte Dame ou dict nom les terres qui s'ensuyvent scavoir est le conté de Mortaing et la viconté terre et seigneurie d'Aulge au pays de Normandye, ainsy quelles se consistent et comportent avecques tous les droictz, boys, foretz, jurisdictions, présentations et collations de tous bénéffices, fiefs et hommages tenus d'icelluy, reliefz, rachaps, treiziemes, gardes de soubz-aages et aultres debvoirs quelzconques lesquelles appartenances et deppendances prérogatives et préminences d'icelles, ensemble pareille et semblable faculté de rachapt que le dict sieur a et pourrait avoir des membrés et aultres droictz particuliers deppendans de la dicte terre sy aulcuns en ont esté alliénez par le dict seigneur Roy ou ses antécesseurs à la dicte faculté de rachapt, *les dicts procureurs et en nom dudict seigneur ont cédé et transporté, cèdent et transportent par vertu du pouvoir à eulx donné par le dict seigneur Roy* et la dicte Dame princesse ou dict non. Le dict de Montigny procureur sus-dict, acceptant, et stippullant pour icelle Dame princesse ou dict non et pour son dict fils *en recompense et contreschange des dictes terres que la dicte Dame a accordées cédées et transportées au dict seigneur éleu empereur et passé procuration irrévocable pour ce faire* pour icelles terre tenir et posséder par la dicte Dame ou dict non et mon dict seigneur son filz, ses hoirs masles et femelles successeurs et ayans cause perpétuellement et héréditablement à toujours comme son vray héritage et patrymoyne réservé au dict seigneur Roy et successeurs Roys de France, les ressortz, souveraineté, foy et hommage ligo des dictes terres et seigneuries aussy ceddez par les dicts procureurs à telz ou semblables debvoirs *pour tout rachapt, droitz et debvoirs féodaulx et seigneuriaux et non plus grand ne excessif que ceux que les dictes terres par elle ceddées* au dict sieur éleu empereur, *sont tenus et subjectz*, moyennant ce aussy que le dict sieur Roy sera tenu et promect garantir le dict hommage lige qu'il retient sur les dictes terres envers tous et contre tous et *lesquelles terres ne seront sub-*

jectes au droict de garde pour cause de la minorité ne présentement ne pour l'advenir pour ce que les terres que la dicte Dame la princesse de la Roche-sur-Yon a accordé, ceddé et transporté à l'acquit et descharge du dict seigneur Roy ny sont subjectes.

Clauses dans l'intérêt commun :

Réserve du rachat. — *Avecques conditions toutteffois que dedans six ans à compter du jour de ces présentes le dict seigneur Roy pourra nommer tel personnage que bon luy semblera, lequel la dicte Dame ou dit nom constituera son procureure spécial pour rachapter les dictes terres pour et en nom d'elle ou dict nom et fournira le dict seigneur Roy et fera délivrer au dict seigneur éleu empereur ou ses commis les deniers requis et nécessaires pour faire le dict rachapt tant pour le principal que droits seigneuriaulx et loyaux coustements sy aulcuns y en estoient deubz et ou le dict rachapt s'en suivra, le dict seigneur Roy sera tenu faire revestir et adhériter la dicte Dame ou dict non et remettre en possession de ses dictes terres comme elle estoyt auparavant, et lui en faire avoir lettres,* le tout aux périlz, fortunes et dépens du dict seigneur Roy, et ce faict la dicte Dame ou dict non et son dict filz seront incontinent et sans délai tenus de laisser la possession et jouissance des dictes terres à elle ou dict non, au dict seigneur Roy quictement et franchement ;

Toutteffois sy les dycts boys, foretz, terres et seigneuries que la dicte Dame ou dict non *baille au dict seigneur empereur à la décharge et acquit du dit seigneur Roy estoient détériorez* par le fait du dict seigneur empereur, *le dit seigneur Roy sera tenu préalablement et avant toute œuvre, recompenser la dicte Dame ou dict non,* son dict filz, successeurs et ayans cause *du dict dommage et intérest, en terres ou argent à leur choix et option et ou le dict rachapt n'auroict esté fait et la dicte Dame remise en possession des dictes terres en la forme que dessus dedans le dict temps de six ans, les dictes terres cedez par les dicts procureurs demoureront à la dicte Dame ses* hoirs males et femelles et ayant cause soyt à tiltre particulier ou universel perpetuellement et à jamais.

Equilibre des lots. — *Touttefois, parce que les évaluations qui ont été faictes des dictes terres respectivement accordez, par la contraincte du temps dedans lequel le dict seigneur Roy doibt faire avoir au dict sieur eleu empereur les terres de la dicte Dame ont esté seullement faictes sur les comptes et estats qui est l'évalluation que l'on peult faire quant à présent, a esté accordé et convenu entre les dictes partyes que dedans ung an à compter de la dabte de ces présentes, les terres de la dicte Dame, à cause de son dict filz et celles qui ont esté baillées en recompense par les sus dicts procureurs du dict seigneur Roy, seront plus amplement évaluées ; et sy par la dicte évaluation qui sera cy-après faicte, il est trouvé que les dictes terres, que les dicts procureurs ont cedé en recompense et contres change à ma dicte Dame vallent moins que celles que la dicte Dame aura baillez, cedez au proffict du dict seigneur Roy, le dict seigneur Roy sera tenu luy parfaire le surplus en terres de semblables qualitéz, et aussi ou il seraict trouvé que les dictes terres qui luy seraient cedées par les dits procureurs excédassent la valeur et estimation des terres qui seroient cedez par la dicte Dame ou dict non au proffict et descharge du dict sieur Roy en ce cas la dicte Dame ou dict non sera tenue rendre l'outre plus.*

Remise des titres. — *Et ne sera tenue ladicte dame au dict nom durant le dict temps de rachapt soy dessaisir de tiltres et enseignements originaux de ses dictes terres ne pareillement le dict seigneur Roy des siennes, ains demoureront à leur possesseur jusques au temps de ladite faculté de rachapt expiré, et durant le dict temps seront au dict sieur Roy et Dame ou dict nom baillés les coppies des dicts titres et enseignements collationnez aux originaux quant besoing sera* ».

Le lendemain, Messieurs, du jour où fut passé ce contrat, le 12, à Champigny, avait lieu, par les mandataires de madame de la Roche-sur-Yon, la cession à l'empereur des terres qui devaient rester dans les mains de celui-ci, à titre de garantie des sommes dont il était créancier.

François Ier avait, aux termes de l'acte d'échange, droit de rachat pendant six ans des terres d'Auge et Mortaing par le retrait et la remise des terres de Leuze et Condé engagées. Les six ans écoulés, la propriété d'Auge et Mortaing devenait incommutable sur la tête de madame de la Roche-sur-Yon ou de ses fils ; celle des deux autres seigneuries appartenait définitivement au roi, et restait alors à celui-ci le droit de rachat de Leuze et de Condé vis-à-vis de l'empereur, droit perpétuel et imprescriptible.

Le 29 août 1531, Charles-Quint sépara, par voie d'éclissement, la seigneurie de Condé de la seigneurie Gagère. Cession de cette terre ainsi séparée fut faite par Charles Quint au baron de Roghendorf, déjà propriétaire de la seigneurie de Bailleul ; mais M. de Roghendorf avait sur ces deux seigneuries des droits bien différents. Sur la seigneurie de Bailleul, M. de Roghendorf avait des droits de pleine propriété ; sur la seigneurie Gagère, la seigneurie du Château, il ne pouvait pas avoir d'autres droits que les droits résolubles conférés à l'empereur, son cédant.

Les six années, fixées dans l'acte d'échange, s'accomplissent sans rachat effectué par François Ier. Voilà la famille de la Roche-sur-Yon propriétaire irrévocable d'Auge et de Mortaing ; voilà le roi propriétaire également irrévocable de la seigneurie de Leuze et de Condé ; quant à M. de Roghendorf, cessionnaire de l'empereur, il n'a que les droits incomplets de l'engagiste originaire.

Plusieurs années s'écoulent. La seigneurie Gagère change de mains ; en 1558 elle aurait passé dans celles du duc de Montpensier (point très important aux yeux de nos adversaires, mais secondaire aux nôtres). Puis, des mains du duc de Montpensier, elle aurait passé dans celles du comte de Mansfeld sous forme de prix de rançon, dans celles enfin de la famille Delalaing pour arriver en définitive dans la maison de Croï, dont les droits sont exercés aujourd'hui par la Comp. d'Anzin.

Suivez bien, Messieurs, cette succession de faits : la portion de terrain en litige est échangée en 1529 par madame de la Roche-sur-Yon contre les terres d'Auge et Mortain. La propriété de Leuze et de Condé est transférée au roi ; l'empereur Charles Quint n'est appelé à les détenir qu'à titre de garantie et comme simple engagiste seulement ; cession est faite ensuite par l'empereur de tous ses droits au baron de Roghendorf ; puis une série de mutations successives s'effectuent. Tout le procès est là en ce qui touche la seigneurie Gagère.

En effet, nous disons : le roi devenu propriétaire de Leuze et Condé par voie d'échange, n'a conféré à l'engagiste Charles Quint que des droits incomplets ; celui-ci n'a pu transmettre lui-même que les droits qu'il avait recueillis. La seigneurie de Condé en particulier, n'est donc arrivée enfin dans la maison de Croï, qu'avec sa tache originelle et privée notamment du droit de haute justice incommutable en droit, sur la tête du propriétaire et intransmissible à l'engagiste. La concession de 1749 ne saurait donc comprendre cette *seigneurie gagère* sur laquelle le roi seul avait droit de haute justice. Notre système est tout entier dans ce rapprochement ; il s'agit maintenant de le justifier et d'écarter les objections à l'aide desquelles on s'est efforcé de le combattre :

1° *Propriété de Leuze et Condé transférée au roi en 1529.*

A mon sens, le premier point qu'il nous faille établir ici, c'est celui-ci : La propriété de Leuze et Condé a été transférée au roi en 1529. C'est là le fait dominant. Une fois établi, les applications et les conséquences en découlent tout naturellement. Aussi, nos adversaires ont tout fait pour ébranler à cet égard notre démonstration ; à vrai dire c'est sur ce point que tous leurs efforts ont porté. Voyons s'ils ont frappé juste.

Nos adversaires disent : la propriété de Leuze et Condé n'a jamais reposé sur la tête du roi ; il n'y a pas eu d'échange véritable, il y a eu *datio in solutum* de la part du roi vis-à-vis de la princesse, qui consentait à engager ses terres dans l'intérêt de son souverain. Il y a eu translation de propriété d'Auge et de Mortain contre un engagement pris seulement par la princesse de placer Leuze et Condé aux mains de l'empereur. Et en effet, ce dernier acte s'est réalisé ainsi directement de la princesse de la Roche-sur-Yon à l'empereur.

En vérité, c'est une chose assez étrange que tous ces efforts d'esprit à la recherche de je ne sais quel contrat imaginaire, quand les parties ont pris la peine de dire nettement ce qu'elles voulaient et quel était le fait juridique qu'elles entendaient consommer.

L'acte lui-même répète à dix reprises différentes ces mots : *échange*, *contre-échange*, *permutation*. Est-ce que ce n'est rien que cela ? Je sais bien qu'il ne suffit pas de la qualification donnée à un acte par les parties mêmes, pour lui conférer un caractère qu'il ne comporterait pas d'ailleurs. Mais enfin, c'est déjà, au début de cet examen auquel nous nous livrons, un fait considérable, que l'emploi de ces mots dans l'acte dont il s'agit précisément pour nous de fixer le sens et d'apprécier la portée.

L'acte examiné ensuite en lui-même va-t-il mentir à son titre ? non, il va nous offrir précisément tous les signes caractéristiques de l'échange. L'élément essentiel de ce contrat, en effet, c'est l'égalité respective des objets échangés ; là où vous verrez balancer exactement la valeur de deux objets à l'occasion de la transmission qui va s'en effectuer, il y a tout à parier que le contrat appelé à la constater est un échange. Eh bien, ici nous avons précisément cette évaluation réciproque, et elle est tellement de l'essence du contrat qui se réalise, que n'ayant pu s'effectuer jusqu'alors qu'approximativement, on la stipule pour l'avenir comme une des obligations impérieuses des contractants. Le roi, pressé par les nécessités du temps, forcé de réaliser le plus promptement possible les conditions du traité de Cambrai, ne peut subir l'ajournement qu'entraînerait le calcul exact de la valeur des seigneuries échangées. L'échange s'effectue cependant, mais la question d'équilibre absolu, d'exacte pondération, est soigneusement réservée.

Il y a donc eu un échange entre les parties, il y a eu translation respective de propriété. Mon Dieu, ce qui le prouve encore, c'est la clause spéciale qui figure dans l'acte, relativement à la remise des titres de propriété ; durant les six années où le rachat est possible, où les traces de l'opération réalisée peuvent être complètement effacées par une opération inverse , les parties se remettront en tant que de besoin des copies authentiques. Après le délai des six années expirées , elles se dessaisiront respectivement des originaux. L'acte dit bien cela implicitement si non tout à fait explicitement ; et cette mention est^t d'autant plus significative , qu'il n'y a pas possibilité de se méprendre sur la question de savoir à qui seront remis alors les titres de Leuze et Condé. C'est du roi seul que l'acte parle , l'empereur n'intervient pas. La remise des titres n'est pas stipulée à son profit et dans son intérêt ; elle l'est seulement dans celui du roi. Donc, le roi est propriétaire après les six années expirées , de Leuze et de Condé , comme la famille de la Roche-sur-Yon est propriétaire d'Auge et Mortain.

Messieurs, nous avons d'autres documents encore où la pensée des contractants va se retrouver plus nette s'il est possible, que dans le contrat lui-même. Je veux parler des procurations respectivement données par les parties et que nous avons tout entières; quand il s'agit d'atteindre le sens caché d'un acte, c'est un énergique commentaire et le plus précieux de tous, que le mandat même donné par les contractants de le réaliser. Cela est vrai , surtout ici où l'acte originaire renvoie dès le début, en cas d'incertitude sur la signification du contrat, aux procurations annexées.

C'est donc là qu'il nous faut chercher *plus à plein déclarée* la volonté des parties.

Voici la procuration du roi ; elle est datée de Fontainebleau , le seizième jour de décembre, l'an de grâce mil cinq cent vingt-neuf :

« François, par la grâce de Dieu, Roy de France, à tous ceux qui ces présentes lettres verront, salut; scavoir faisons que comme par le traicté de naguerre faict entre notre cher et bon frère l'eleu empereur et nous en la ville de Cambray, entre aultres choses aict esté convenu et accordé que pour la somme de cinq cent dix mille escus d'or soleil, faisant partye de la somme de deux millions d'escus que avons promise par le dict traicté à notre dict frère pour notre rançon et la délivrance de nos très chers et très amisfilz les daulphin de Viennoys et duc d'Orléans ostagiés par nous en Espaigne, *baillerons à notre dict frère rentes, pièces et revenu de vingt-cinq mil cinq cens escus d'or soleil qui est à la raison du denier vingt et pour la dicte rente luy ferons avoir les terres et seigneuries que notre très chère et très amée cousine, la Duchesse douairière de Vendomoys a en ses pays de Brabant, Arthois, Aainault et aultres lieux et pays d'embas de notre dict frère et autres terres que ont, tiennent, et possèdent ès dicts pays, nos aultres subjetz, telles que notre dict frère ou ses commis à ce voudraient choisir* et nommer au prix de vingt deniers le denier jusques à l'entier parfournissement et concurrence de la dicte rente de vingt cinq mil cinq cens escus d'or soleil telz que dessus ou à l'advenant de,telle autre somme à quoy sera trouvé monter le reste des dits deulx millions d'escus, déduitz les douze cent mil escus que nous devons paier comptaut et les deptes de notre très cher frère le roy d'Engleterre, *pour par notre dict frère l'empereur, ses hoirs, successeurs et ayans cause, jouir et user des dictes terres et seigneuries par ses mains, à conditions de rachapt, tant et jusques à ce que le dict rachapt sera faict, et pour l'entretenement et accomplissement de ce que dessus, aiant faict requérir notre dicte cousine la duchesse douairière de Vendommoys notre très cher et aymé cousin Louys de Clèves et plusieurs aultres nos subjetz ayans terres en la dite conté de Flandres et aultres pays d'embas* de notre dict frère l'eleu empereur, *nous voulloir les dictes terres* cedder et transporter *pour* icelle bailler au desir du dict accomplissement du dict traicté de paix à notre dict frère l'eleu empereur, *en leur baillant bonne recompence en terres de notre domayne estans en notre royaulme, revenu de nos greniers, gabelles ou impositions* ou aultres obventions de notre dict royaulme, *ce que notre dicte cousine et aultres nos svbjectz ayans terres comme dict est es-dicts pays* d'en bas, de notre dict frère, *nous ont libérallement accordé* et nous ont par notre dicte cousine duchesse douairière de Vendommoys esté baillé par déclaration, auculnes de nos terres qu'elle voullait avoir en récompense et contreschange des dictes terres, qu'elle en tient et possède ès pays d'embas de notre dict frère et quant aux aultres nos subjects n'ont encore baillé, par déclaration, les terres *que* vouldraient avoir *en récompense d'icelles que nous ont accordez, ceddez et transportez és-dicts pays d'embas* de notre dict frère ; et ayans pour l'évalluation des terres que notre dicte cousine et nous aultres subjets ont ès-pays d'embas de notre dict frère, ja commys et depputez, suivant ce qui a esté accordé entre nous et notre dict frère par le traicté de paix deux de nos conseillers qui sont sur les lieux besongnans au faict de la dicte évalluation avec les commys et depputez de la part de notre dict frère et *soyt besoing le plus promptement et déligement que faire se pourra évalluer les terres que entendons bailler en rncompence et contreschange à notre dicte cousine et nos aultres subjectz qui nous cèderont et transporteront les dictes terres des pays d'embas* de notre dict frère, afin d'accorder avec notre dicte cousine et nos dicts aultres subjects, *conclure, arreter et passer les dicts contrats d'eschange et permutation* et aultres choses concernant l'exécution d'iceux et pour ce faire commettre et depputer de notre part aulcuns bons et notables personnages noz procureurs et ayans de nous pouvoir espécial quant a ce.

Pour ce est-il que nous, à plein confiance des sens, prudence, scavoir, expérience, loyaulté et bonne dilligence de ncz amez et féaux conseillers maîtres *Pierre Liset, premier président en notre court de Parlement de Paris et Mathieu de Longuejoue sieur d'Ivergny, maistre des requestes ordinaires de notre dict hostel et Jehan Briçonnet. président de noz comptes à Paris* iceulx et les deulx d'entre eulx en l'absence et empeschement de l'autre avons créez, commis, depputez et constituez, *créons commettons et députtons et constituons par ces présentes nos procureurs généraulx et messagers espéciaux en la manière que l'espécialité ne dérosge à la généralité et au contraire* leur donnant à chacun d'eux et pour le tout plein pouvoir, mandement espécial de traicter, composer et accorder sur toutes et chacunes les choses susdictes leurs circonstances et deppendances avec notre dicte cousine la duchesse douairière de Vendomoys et aultres noz subjectz aians terres comme dict ès-pays d'embas de notre dict frère, *conclurre, arrester et passer pardevant nottaires avec eulx pour et en notre nom les contractz d'eschange et permutation* ou aultres tels qui seront advisez, *et accepter les cessions et transporis qui nous seront faictz par notre dicte cousine et aultres nos subjectz des dictes terres* qu'ils ont et tiennent ès-dicts païs d'em bas de notre dict frère, à telles conditions et conventions qu'ils verront être à faire, *leur bailler, cedder et transporter en rescompence et contreschange* et aultrement en la meilleure forme que faire se peult et doibt, assavoir à notre dite cousine duchesse douairière de Vendomois, les terres que jà lui avons accordé apprès que l'évalluation d'iceulx sera faicte *jusques a la concurrence de l'évalluation qui aura esté faicte des siennes* et pour le parfaict et supplément d'icelles sy aulcunes des dictes terres avvons donné avye ou à usufruict et aultres qui les tyennent et occupent, luy bailler et asseoyr autant de revenuz sur noz greniers, ayde, gabelles et impositions telles que noz dictz procureurs et chacun d'eulx adviseront que le revenu des dictes terres se monte jusques ad ce que les dicts dons de vye ou usufruit seront estainctz, pour en jouir pour notre dicte cousine ou ses successeurs et aians cause perpétuellement et héréditablement, et à noz aultres subjectz qui n'ont encores baillé par déclaration les terres qu'ils veullent et entendent avoir de nous en récompence et contreschange telles terres de notre dict domaine, aydes, gabelles. impositions ou aultre revenu que nos dicts ou chacun d'eulx, seul et pour le tout verront estre à faire *évalluation précédente d'icelles, et jusques à la concurrente quantité de ce que seront évalluez les terres que nous seront ceddez par nos dicts subjectz, le tout touteffois à condition et charge que ou nous recouvrerions de notre dict frère l'esleu empereur les dictes terres qui ainsy nous seront ceddez par notre dicte cousine la duchesse douairière de Vendosmois et aultres nos dicts subjectz* apprès les avoir baillez et transportez à votre dict frère, *entièrement ou la moitié d'icelle, en les rendant ou la dicte moictié d'icelle à notre dicte cousine et à nos dits aultres subjectz ils seront tenus de nous rendre et laisser les terres de notre dict domayne qui par nos dicts procureurs leur seront cedez et transportés ou la moictié d'icelles jusques à la concurrence, estimation des terres qui leur seraient par nous rendeus, et ce dedans le temps et espace de dix ans, ou aultre tel qu'il sera advisé par nos dicts procureurs.* »

Voici maintenant la procuration de la princesse :

Sachent tous présents et advenir que en la Cour du Roy notre Sire à Loudun, en droict, pardevant Jehan Regnier nottaire juré de la dicte Court, fut présente personnellement establye et deuement soubzmise très haute et puissante princesse Madame *Loyse de Bourbon princesse de la Roche-sur-Yon laquelle comme aiant le bail de messeigneurs Loys et Charles de Bourbon ses enffants, à recongneu et confessé que comme elle aict accordé ou dict non, au Roy notre souverain seigneur, luy bailler les terres et seigneuries de Leuze et Condé,* avec leurs appartenances, appartenant à mes dicts seigneurs ses enffans qu'ils tiennent e' possèdent au conté et pays de Haynault *pour icelle bailler à l'empereur au désir des traités de paix naguères faicts entre le dict sieur Roy et empereur, en baillant touteffois ceddant et délaissant par le dict sieur Roy bonne et suffisante rescompense des terres estans en son royaulme ce que luy a été octroyé de la part du dict sieur Roy,* à cette cause la dicte princesse ou dict non laquelle de présent n'y peult personnellement assister, soy confiant des sens, loyaulté, preudhomie, scavoir, expérience et bonne diligence de François de Montigny sieur de la Bonache *icelle Dame princesse constituante a pour ces causes ou dict non nommé et constitué son procureur général et certain messayer espécial, de bailler pour et en non de la dicte Dame en nom qne dessus, cedder, délaisser et transporter au dict seigneur Roy ou ses commys et depputez ayans de par luy pouvoir, les dictes terres et seigneuries de Leuze et Condé* au dict conté et pays de Haynault, excludz et non compris la seigneurie de Vellaine et toutes ses appartenances la moitié des boys de Barry qui sont en procès contre le seignoeur de Beauchamps, les rentes appellés les gistes deues par les habitants d'Ausserentz, Chielles et Vaudelancourt dont il est en procès contre les dicts habitants, trois cents livres de rente que la dicte Dame et mes dits sieurs ont sur les habitants de Tournay lesquelles la dicte Dame princesse constituante ou dict non a réservé toultes aultres choses non estimez et evalluez par les commissaires des dicts sieur Roy et empereur et *sans préjudice de pouvoir montrer les dictes choses évallués estre de plus grosse valleur* qne contenu est en la dicte evalluation

(à tiltre touteffois seullement d'eschange, recompence et permutation) avec les chastellenyes, terres
et seigneuries de Loches, le seigneur de Chastillon sur Vyndre, Montrichard, Louyestz, Chinon,
Loudun, Nyort, *conté de Mortaing viconté d'Aulge* pourveu qu'il ne soict office *ou telles des dictes
terres revenans à la concurrence de la valleur et estimution jà faictes* entre les commissaires des dictes
seigneur Roy et empereur des dits de Leuze el Condé et en les baillant et délivrant par le dict seigneur Roy ou ses dicts commys et dépputez aus dicts seigneurs princes *pour en jouir dès lors, et du
jour du dict eschange*, à l'advenir par les dicts seigneurs princes leurs hoirs et ayans cause perpétuellement comme de leur propre heritage et tous droictz, seigneuries, nons, tiltres, honneurs, prérogatives et prééminences, proffictz, revenus et émoluments *tels et ainsy que très haulte et puissante
princesse Madame Marie de Luxembourg douairière duchesse de Vendosmoys en joyst ou joira, ou
qui lui ont esté et seront délaissez en l'eschange faict* ou qui se fera *pour les mesmes causes* entre
le dict seigneur Roy ou ses dits commys et la dicte Dame duchesse, les dictes choses et chacunes
d'icelles franches deschargées et exonorées de tous les douairs, bienfaicts, dons, jouissances viagères
et aultres empeschements quelzconques, faculté et grace de rescousse, *telle et pareille que la dicte
Dame duchesse* a donné ou donnera ou à tous aultres solennités, pactions, convenances, conditions,
accordz, modiffications et clauses à ce necessaires telle et semblables de poinct en effet et teneur d'i-
celles *qui ont esté* seront ou pourront estre *mises et observées à l'eschange* et contrat faict ou qui se
fera pour les mesmes causes entre le dict sieur Roy ou ses dicts commis et depputez et la dicte Dame
duchesse et *lesquelles entièrement ladite Dame princesse au nom dessus dict entend et veult estre
gardez en traictant ce present eschange* comprises et contenues es lettres qui de ce seroient faictes
et passés *sans que son dict devant procureur y puisse aulcune chose faire innover ou obmettre oultre
ou contre la teneur d'icelles et effet de ces présentes.....*

Dans ces deux actes, non seulement nous rencontrons partout les
mots d'échange et de contre-échange signalés dans le contrat lui-même,
mais il n'y a pas une seule expression indécise. C'est au roi *que l'on
baille Leuze et Condé pour icelles bailler à l'empereur.* François Ier
apparaît ici comme l'intermédiaire nécessaire entre la princesse et
l'empereur ; la propriété doit se reposer sur sa tête avant qu'aucun
droit puisse être conféré à Charles Quint lui-même. S'il n'y a pas autant
de précision dans le contrat, rien de plus facile à expliquer. Le
temps pressait ; il y avait urgence à réaliser les engagements pris.
Le contrat le dit, et les faits le prouvent. La procuration de la princesse est datée du 1er avril, à Fontevrault, c'est-à-dire à 80 lieues de
Paris ; dix jours après, l'échange a lieu, et le lendemain de l'échange,
l'engagement. C'est aller vite en besogne assurément. En raison de
cette urgence on a donc renoncé à effectuer, dans les termes des procurations, deux transmissions successives, à réaliser deux opérations
distinctes, l'une pour saisir le roi de la propriété, la seconde pour
placer aux mains de l'empereur le gage à lui promis. L'engagement

s'est fait directement par la princesse à l'empereur. Mais est-ce que cette circonstance a fait disparaître le premier contrat qui devait intervenir entre la princesse de la Roche-sur-Yon et le roi? Est-ce que dans cette combinaison des deux contrats, la nature propre de chacun n'a pas survécu? On a évité un circuit, on a fait une seule tradition, mais elle a consommé à la fois deux mutations successives, et les deux contrats n'en ont pas été moins complètement réalisés ; le fait de l'engagement direct par la princesse n'a pas altéré le fait connexe et simultané de l'échange. L'échange a été consommé quand la princesse, dans les termes de son mandat, *pour et au profit dudit sieur Roy et à sa décharge*, a engagé à l'empereur les biens échangés avec le roi. Il y a là le fait juridique le plus simple. Urgence ou économie, désir de gagner du temps ou pensée d'éviter des droits de mutation intermédiaire, l'opération, ainsi entendue, n'a rien que de régulier en elle-même.

Nous venons d'examiner le contrat et les procurations qui l'ont précédé. Abordons les faits postérieurs, apprécions les actes qui ont suivi ; ils nous conduisent à une conviction identique.

Le 23 mai 1530, procès-verbal est dressé de la prise de possession d'Auge et de Mortain par le mandataire de la princesse de la Roche-sur-Yon. M. Bec de Lièvre, conseiller au parlement de Rouen, est commis pour remplir cette mission, et voici le passage que nous trouvons dans son travail :

    « Es places de Leuze et Condé *baillées* avec autres terres et choses héréditales *au roi* par ladite
« dame *en échange d'icelle vicomté........* »

Ici le contrat d'échange est interprété, lors de sa réalisation même, dans le sens que nous lui attribuons. C'est le roi qui a reçu Leuze et Condé. La propriété a bien reposé d'abord et avant tout sur sa tête.

Ce n'est pas tout. L'année 1548, et les années 1566, 1567 et 1570 nous apportent d'autres documents d'un haut intérêt. En 1548, la famille de la Roche-sur-Yon veut faire constater la pleine et entière propriété à son profit d'Auge et de Mortain, par l'expiration des six années écoulées sans exercice du droit de rachat stipulé dans l'intérêt du roi. La pensée évidente des héritiers de la Roche-sur-Yon, à ce moment, c'est d'en finir d'une manière incommutable, et sans qu'aucune difficulté puisse surgir, à cet égard, dans l'avenir, avec cet échange de 1529. Dix-huit ans se sont écoulés. Le roi n'a plus rien à prétendre sur Auge et Mortain ; la famille de la Roche-sur-Yon, de son côté, n'a plus aucun droit à revendiquer sur Leuze et Condé. Il faut sanctionner l'acte originaire, proclamer l'échange consommé d'une manière absolue. Une requête est présentée à Henri II à cet effet ; voici les lettres patentes par lesquelles elle a été répondue, elles portent la date du 20 novembre 1548 :

HENRY, PAR LA GRACE DE DIEU, ROY DE FRANCE, à tous présents et advenir, salut. Notre très cher et très amé cousin Loys de Bourbon, duc de Montpensier, pair de France, nous a dit et remontré que feu notre très honoré seigneur et père, le roy dernier décédé, que Dieu absolve, par le traité de paix fait à Cambray, promist et accorda à notre très cher et très amé frère et cousin l'empereur, que pour la somme de cinq cens mil escus restants de deux millions que feu notre seigneur et père lui debvait fournir pour sa rançon et délivrance de nous et de feu notre frère le duc d'Orléans estant pour ce fait en hostage, il lui ferait bailler, fournir et délivrer des terres que nos subjets avaient en ses pays de Flandres, Artois et autres pays bas, jusques à la somme de vingt-cinq mille escus d'or soleil de revenu annuel qui estait à la raison du dernier vingt. Entre lesquelles terres notre dit frère et cousin l'empereur ou ses depputez ayant choisi les *terres de Leuze et de Condé*, assis au pays du Haynault, *qui estaient le propre héritage* de notredit cousin Loys de Bourbon, notredit feu seigneur et père feist requerir notre très chère et très amée cousine *Loise de Bourbon, lors princesse de la Roche-sur-Yon, et à présent duchesse de Montpensier*, sa mère, ayant la garde de luy et de notre très cher et très amé cousin Charles de Bourbon, son frère, de cedder, transporter et délaisser à notredit frère et cousin l'empereur lesdites terres de *Leuze et Condé*, *évaluées et estimées par les commis de feu notredit seigneur et père, et d'iceluy seigneur empereur, à la somme de deux mil sept cens troys escus d'or et ung tiers d'escu* de rente et revenu annuel, non comprins la seigneurie de Velène, appartenance et dépendance, de la moitié des Boys de Baroy et rentes appelées les gistes dues par les habitants d'Aussevans, Chelle et Bandelencourt, et trois cents livres de rente que notredit cousin Loys de Bourbon a sur les habitants de la ville et cité de Tournay, que les commis dudit seigneur l'empereur ne voulurent accepter. En obtempérant à laquelle requeste, notre dite cousine considérant que s'estait pour le bien de la paix et délivrance de nous et de notre dit feu frère et pour le service et bien public de la couronne de France, *elle bailla, céda et transporta au nom que dessus, à notredit frère et cousin l'empereur, lesdites terres de* Leuze et Condé, *en récompense et contre eschauge desquelles* lesdits commissaires à ce commis par notredit feu seigneur et père, des le unzième jour d'avril 1529 *avant Pasques, ceddèrent, transportèrent et délaissèrent à notredite cousine audit nom*, les comté de Mortaing et vicomté, terre et seigneurie d'Aulge assises en notredit pays de Normandie, ainsi qu'elles se poursuivaient et comportaient en tous droits, bois, forest, jurisdictions, présentacions, collations de tous bénéfices, fiefs, héritages tenus d'icelles reliefs. rachats, treizième gardes de soubs âgés et autres devoirs quelconques, avec la nomination aux offices et aux mêsmes prérogatives, prééminences, facultés de rachapt des choses dépendants desdites *terres* aliénées par notredit feu seigneur et père ou ses prédécesseurs à ladite faculté de rachapt et dont il joissait, pour en joir par notredite cousine audit nom, notredit cousin son fils, et autres ses hoirs masle et femelles, successeurs et ayans cause *perpétuellement, héréditablement et à toujours comme de son vray patrimoine et héritage*, à tels et semblables debvoirs pour tous rachapts, droits *et debvoirs seigneuriaulx et féodaulx*, et non plus grands et excessifs que ceux à quoi cesdites terres par elle baillées étaient tenues, *et* sans que lesdits comté et viconté feuessent aucunement subjects au droit de garde à cause de minorité, attendu que les siennes ne l'estaient point, réservé touteffois à notredit feu seigneur et père et à ses successeurs, les ressorts et souveraineté, foy et hommaige lige desdits comté et viconté, *et à la charge que dedans six ans* de lors prochains ensuivans, *notredit feu seigneur et père* POURRAIT *nommer tel personnage qui bon luy semblerait,* auquel notredite cousin[e] passerait procuration spéciale, *pour rachapter pour et en son nom lesdites terres par elle ceddées des deniers que notredit feu seigneur et père lui ferait fournir à cette fin, lequel portant et en fai*-sant remettre notredite cousine en la possession et joissance de sesdites terres de Leuze et Condé, ainsi qu'elle estait auparavant ladite cession, et entrerait en la possession et joissance desdits conté et viconté, quelle oudit cas serait tenue luy délaisser, et où ledit rachapt n'aurait été faict dedans le temps de six ans *ne conséquemment notredite cousine remise en la possession et joissance desdites terres, lesdits conté et viconté ainsi à elle ceddés par* notredit feu seigneur et père ou sesdits com*missaires lui demeureraient* et à ses hoirs masles et femelles, successeurs et ayans cause, feust à titre particulier ou universels, *perpétuellement et à jamais,* ainsi que le tout est plus à plein conteau et déclaré au contrat de ladite cession et es lettres de ratification et approbation de notredit feu seigneur et père, dont la copie extraite et collationnée aux originaulx, en notre chambre des comptes, est cy attachée sous le contre scel de notre chancellerie. *Depuis lequel temps n'aurait été rien fait ni ac comply* DE LA PART DE NOTREDIT FEU SEIGNEUR ET PÈRE, POUR L'EXÉCUTION DE LADITE FACULTÉ DE RACHAPT, *et* seraient les six ans d'icelle non seulement passées, mais encore douze davantage, et pour ce nous aurait notredit cousin supplié et requis en tant que besoin serait et pour plus grande sécurité à l'avenir *déclarer* LEDIT ÉCHANGE *pur et absolu, et ordonner qu'il sortisse son plein et entier effet à toujours,* sçavoir faisons que vous lesdits requeste et CONTRACTS D'ESCHANGE et sur ce l'advis et délibérations de plusieurs princes et seigneurs de notre sang, et autre de notre privé conseil, ans que là et à nous ladite resqueste a semblé estre juste et raisonnable *voullans les contracts faits par notredit feu seigneur et père, mesmes pour bonnes, justes et grandes causes, estre gardées et entretenues selon leur forme et teneur* et notredit cousin et tous autres demourer en la seureté qu'ils en peuvent et doibvent avoir. Avons dit et déclaré, *disons et déclarons ladite faculté de rachapt expirée et passée, et conséquemment* ledit ESCHANGE *est demeuré pur et absolut, voullons et ordonnons que comme tel il sorte son plein et entier effet, et en ce faisant que lesdites choses baillées en contre eschange*, à notredit cousin le duc de Montpensier ou à notredite cousine sa mère oudit nom, lui demeure et à ses hoirs masles ou femelles et ayans cause d'eulx, soit à titre particulier ou universel, *pour en joyr et user comme de leur propre patrimoine et héritage, perpétuellement et à jamais.* Sy donnons en mandement, etc.

En 1566, en 1567, en 1570 requêtes semblables et lettres patentes identiques; nous ne citerons ici que celles de 1567. Elles ont une importance toute particulière. L'année précédente, l'ordonnance de Moulins venait d'être rendue; elle reproduisait avec énergie les grands principes de l'inaliénabilité et de l'imprescriptibilité du domaine de la couronne. Les Montpensier s'alarment; les terres d'Auge et de Mortain sont d'origine domaniale. L'ordonnance de Moulins pourrait les atteindre peut-être. La famille Montpensier veut établir une fois de plus que ces deux propriétés ont passé dans ses mains par voie d'échange et que l'aliénation dès lors en a été régulière et légitime. Ils disent bien haut, ils veulent qu'on sache bien qu'ils ont échangé leurs terres de Leuze et Condé contre celles d'Auge et Mortain, qu'ils ont aliéné au profit du domaine deux seigneuries comme contre valeur de celles dont le domaine leur transférait la propriété.

Voici les lettres patentes de Charles IX :

Il nous a été dit que sous couleur de l'ordonnance par nous faite à Moulins au mois de février 1566 pour la réunion de nostre domaine, que par iceux art. 8, 11, 15 est porté que ceux auxquels nostre domaine aurait été duement aliéné, ne pourront couper bois de haute futai aux forêts qui seraient aux dites terres aliénées, ni faire bail des terres vagues et vaines sans lettres de nous, et que les foy et hommage des fiefs dépendant des dites terres nous demeureront, et les profits à ceux auxquels les dites terres auront été aliénées. Notre cousin de Montpensier doute que nos officiers le voulussent empescher en la vente coupe et jonture des dits bois de haute futaye et dites terres, bail des terres vagues et vaines d'icelle et réception de foy et hommage des fiefs dépendant des dites terres, prétendant icelles terres estre de notre domaine et du nombre de celles qui ont été ci-devant aliénées d'icelles qui sont sujettes à la réunion d'icelles, encore que parce que dessus est déduit, et dont il appert par le contrat d'entre notre dit feu seigneur ayeul, et notre dite cousine cy attaché, *les dites terres lui soient propres* et de son patrimoine, *pour et au lieu des dites terres de Leuze et Condé* et rentes par lui et nostre dite cousine sa mère, *baillées à nostre dit feu seigneur et ayeul,* ne soient par ce moyen, ni puissent estre censées ni plus réputées de nostre dit domaine ni sujettes à la réunion d'icelles, qui serait le prix du fruit du contrat en la jouissance duquel il nous a très humblement requis et supplié le vouloir maintenir et sur ce faire déclarons de nostre volonté, savoir faisons *qu'après avoir fait voir à nostre conseil privé les dits contrats d'échange et* ratification de nostre dit feu seigneur et père, duement vérifiés en nos cours de parlement et ailleurs où boisoin estait, *attendu la cause d'iceluy* et du délaissement des dites terres fait à nostre dite cousine au nom de nostre dit cousin suppliant son fils *désirant le contrat sortir son plein entier effet* et en user et jouir nostre dit cousin, par l'avis de nostre privé conseil disons, déclarons et ordonnons, voulons et nous plaît que nostre dit cousin ses successeurs es dit comté de Mortain et Vicomté d'Auge jouissent des dites terres et seigneuries comme étant son propre héritage en tout droit ainsi qu'il est porté et contenu au dit contrat, sans qu'elles puissent estre dites censées, ny réputées estre de nostre domaine et sujettes à la réunion d'iceluy, et ce faisant qu'ils puissent et leur soit loisible de disposer à leur plaisir et volonté sans aucune lettre de nous des bois de haute futaye recevoir les foi et hommage des fiefs qui en dépendent avec les droits et profits qui y appartiennent sans que, sous couleur dudit édit, on les puisse avec et pour l'avenir, troubler et empescher en aucune manière comme n'étant les dites terres de la nature et qualité de celles portées par iceluy édit.

Messieurs, non-seulement tous les actes contemporains, antérieurs ou postérieurs démontrent l'échange ; mais j'ajoute qu'il n'y avait pour le roi qu'un seul contrat possible, le contrat d'échange, et qu'il n'y avait par suite que ce contrat que la famille de La Roche-sur-Yon pût accepter, tout autre mode d'aliénation ne pouvant lui transférer, dans les principes du droit domanial, qu'une propriété incomplète et sans durée certaine.

C'est là, en effet, le côté le plus faible du système de nos adversaires, si vulnérable de toutes parts. Pour eux, il y a aliénation d'Auge et Mortain, par le roi, au profit de la famille de La Roche-sur-Yon, mais il n'y a pas aliénation de Leuze et de Condé au profit du roi. Hé bien ! nous vous mettons au défi d'expliquer comment le roi aurait pu consentir une semblable aliénation du domaine de la couronne, aliénation sans contre-valeur. Nous vous mettons au défi d'expliquer encore comment la princesse de La Roche-sur-Yon aurait pu, quand ses hommes d'affaires les plus intelligents intervenaient pour la sauvegarder de ses intérêts, accepter autrement qu'avec la garantie d'un contrat d'échange, une transmission de propriété qu'interdisaient tous les principes protecteurs du domaine de la couronne. Mais il ne se fût pas trouvé en France un Parlement pour entériner les lettres-patentes qui eussent consommé un semblable oubli des devoirs du souverain! Rappelez-vous la réponse du premier président du parlement de Paris aux mandataires de Charles Quint, qui venaient réclamer la Bourgogne, cédée par François I*er*, captif : « *Le roi ne « peut aliéner le duché*, dit le premier président de Selves; *il est « obligé d'entretenir les droits de la couronne, laquelle est à lui, et « à son peuple, et à ses sujets commune.* » L'aliénation pure et simple du comté d'Auge et de la vicomté de Mortain n'était pas plus facile que celle du duché de Bourgogne. Les principes qui sauvegardaient celui-ci, sauvegardaient également ceux-là.

J'appelle toute l'attention de la Cour sur cette partie du débat. Ne perdons pas de vue le but que nous nous proposons d'atteindre. Nous voulons établir que le roi était devenu propriétaire, par voie d'échange, en 1529, de Leuze et Condé. Nous interprétons l'acte de mutation intervenu, et nous disons : Le roi a nécessairement saisi la propriété de ces deux seigneuries au moment où il a perdu celle d'Auge et de Mortain ; le roi a nécessairement consommé à ce moment un échange, car l'aliénation pure et simple lui était interdite par les principes fondamentaux du droit public : c'est là le grand côté et le côté décisif de ce débat ; il a été complètement laissé dans l'oubli par les premiers juges. J'insiste et je précise l'objection.

Quelle qu'ait été l'étendue des droits du souverain aux différentes phases de notre histoire, les parlements, les jurisconsultes, ont toujours énergiquement revendiqué contre le chef de l'État le respect du territoire, qui est l'État-même. Cette notion, vague, flottante, indécise, aux premiers âges de la monarchie, s'est peu à peu formulée avec toute la netteté et toute la rigueur d'un véritable principe organique.

Ce serait une erreur de croire, en effet, que jusqu'au jour où la nation a réclamé la consécration de ses droits dans une constitution qui en comprît tout l'ensemble, le pays n'a fait que subir les hasards du caprice de ses souverains successifs. L'ancienne monarchie n'a jamais été en France une monarchie véritablement despotique. Elle avait sa constitution, non pas formulée en Code, mais composée de grandes doctrines éparses, de grands principes disséminés, sacrés cependant et respectables pour tous, fruit du travail de l'esprit parlementaire en France, développement des idées de cette grande magistrature et de cette forte race de jurisconsultes dont l'action est si profondément empreinte à travers nos annales.

Dans ces doctrines, dans ces principes, peu à peu sanctionnés par des déclarations royales mêmes, les envahissements du pouvoir trouvaient des barrières respectées. Eh bien, s'il est un principe parmi ces principes, s'il est une doctrine parmi ces doctrines, qui se dégage nettement de notre vieux droit politique, c'est le principe, c'est la doctrine de l'inaliénabilité du domaine royal. Il est curieux de suivre à travers l'histoire la marche de cette idée perpétuellement progressive. Pendant que l'unité française se dégage du morcellement féodal la loi de l'inaliénabilité, protection des agrandissements conquis, prend plus d'autorité et plus d'empire. La France s'est formée d'éléments épars, il ne faut pas qu'elle retombe en dissolution ; à mesure qu'elle se constitue, cette idée grandit et s'enracine davantage.

Sous Hugues Capet, c'est une simple théorie de juriste, sous Philippe le Long et Charles le Bel, elle figure déjà dans des ordonnances.

Philippe de Valois la proclame nettement. Sous Charles VII et Louis XI elle semble déjà ne pouvoir recevoir d'exception qu'au cas de services rendus par des étrangers. Sous François Ier enfin, elle est devenue une véritable loi fondamentale. C'est ce que suffisent à établir les lettres patentes du 1er mai 1519 et surtout l'édit de juillet 1521.

Voici comment les dispositions en sont rappelées dans la consultation de M° Regnard :

« Le roi François Ier, dit Chopin, par lettres patentes du 1er mai 1519, commanda de vendre et engager son domaine, pour la nécessité des guerres qui commencèrent audit temps ; mais la cour du parlement par son arrêt du 19 mai 1519, lors de la vérification et publication, y mit ces modifications : Lues, publiées et registrées, ouï et consentant le procureur général du roi, en tant que touche le domaine, fors et excepté les places fortes et limitrophes du royaume, *et pourvu que les acquéreurs usent des choses qu'ils acquerront en bons pères de famille.* Cela dénote bien, dit avec raison Guyot, la faculté de rachat par le roi, puisqu'on charge les acquéreurs d'en user comme bons pères de famille : ce n'est qu'un usufruit dont la nature est de jouir *salvâ rerum substantiâ*, afin que le roi propriétaire y rentrant, retrouve les choses en bon état, comme tout bon usufruitier doit les rendre.

L'édit du mois de juin 1521, publié avec un certain appareil et rendu après mûre délibération, consacre en termes non moins positifs l'inaliénabilité du domaine et les vrais principes en cette matière. Cet édit auquel déterminèrent les remontrances faites au roi « par aucuns grands et notables personnages, » décrète la réunion générale du domaine aliéné de la couronne. Dans son préambule, François Ier rappelle « le serment et promesse par nous fait, dit-il, à nostre sacre de non aliéner ni transporter aucune chose de nostredit domaine, mais retirer à nostre pouvoir celle qui en avoit esté distraite et aliénée ; désirant en ce et autres choses, acquitter et descharger notre conscience et plutôt augmenter que diminuer l'estat de nostredite couronne.... » En conséquence, François Ier ordonne la réunion du domaine aliéné, « nonobstant tous dons, transports aliénations, confirmations et autres provisions qui en pourraient avoir été faites par nosdits prédécesseurs et par nous, *et que pourrions ci-après faire*, à quelques personnes ni pour quelconque cause ou faveur que ce soit ou puisse estre : lesquelles ne voulons avoir ni sortir aucun effet ni valeur, ains les déclarons nulles, cassées et adnullées, cassons et adnullons et mettons du tout au néant.

Vous savez Messieurs, comment cette théorie s'est trouvée confirmée par la déclaration de 1539, et surtout par le fameux édit de l'Hopital de 1566. La loi du 12 mars 1820 est venue, de nos jours, pour liquider le passé, consacrer la propriété incommutable des acquéreurs de biens domaniaux, à défaut de poursuites contre eux engagées jusque-là. Mais avant la promulgation de cette loi, le vieux principe pouvait encore recevoir son application malgré tout le temps écoulé, et malgré **toute** l'ancienneté des droits en apparence acquis.

Nous n'avons pas à nous préoccuper de cette dernière partie de l'histoire du principe de l'inaliénabilité du domaine de la couronne. Les derniers actes dont je viens de parler, et notamment l'ordonnance de Moulins confirmaient seulement et réduisaient en articles, des maximes de droit public déjà antérieurement incontestables. Le préambule même de l'ordonnance de Moulins constate le fait de cette simple codification. On y lit :

Comme, à notre sacre, nous avons, entre autres choses, promis et juré de garder et observer le domaine et patrimoine royal de notre couronne, l'un des principaux nerfs de notre Etat, et retirer les portions et membres d'icelui qui ont été aliénés, vrai moyen pour soulager notre peuple affligé de calamités et troubles passés ; et parce que les règles et maximes anciennes de l'union et conservation de notre domaine sont à aucuns assez mal, et à d'autres peu connues, nous avons estimé très nécessaire *de les faire recueillir et réduire par articles*, et iceux confirmer édit général et irrévocable, afin que ci-après personne n'en puisse douter. »

Ce qui nous importe, c'est de constater qu'en 1529, époque du traité de Cambrai, époque du contrat dont nous apprécions ici le caractère et la portée, il était de droit public que le roi ne pouvait rien aliéner de son royal héritage : Hé bien, cette démonstration, nous venons de la faire, et la Cour la trouvera plus complète encore, si elle lui semble nécessaire, dans le travail si précieux de M⁰ Regnard, qui a su élever l'examen de la question d'intérêt privé que nous débattons ici jusqu'à la hauteur d'un véritable traité de toutes ces matières.

Le domaine royal étant inaliénable en droit dès 1529, les seuls modes de disposer des propriétés du domaine qui fussent à la portée du roi, étaient l'échange et l'engagement, c'est-à-dire les deux contrats précisément, pour en revenir aux faits mêmes du procès, que nous articulons avoir été passés par François Iᵉʳ à cette époque ; le premier avec la princesse de la Roche-sur-Yon, le second avec l'empereur. Vous trouvez ici, Messieurs, l'explication la plus satisfaisante de la marche suivie en 1529.

D'ailleurs il faut s'expliquer aussi sur le sens que la compagnie d'Anzin entend donner à cette aliénation d'Auge et Mortain par le roi. Dans notre système c'est très-simple ; dans le système de nos adversaires, c'est inexplicable. Auge et Mortain sont donnés à la princesse de la Roche-sur-Yon ; à quel titre? A titre d'indemnité pour l'engagement qu'elle consent au profit du roi, dans les mains de l'empereur, de ses deux terres de Leuze et de Condé. Elle reste propriétaire de ses deux seigneuries. Mais elle les engage jusqu'à ce qu'elle puisse les racheter, et c'est cette privation que le roi paye de l'aliénation d'Auge et de Mortain ; la princesse a donc ici deux droits : un droit de propriété inattaquable sur Auge et Mortain, et un droit de rachat de Leuze et Condé, moyennant le chiffre de l'engagement aux mains de l'empereur ; mais j'avoue qu'une fois la propriété d'Auge et Mortain transférée à la princesse, j'en suis à me demander quel autre droit peut lui être réservé. Elle a fait acte de loyal sujet ; elle l'a fait sans sacrifice de sa part, car ce qu'elle perd, on le lui rend exactement, et l'égalité proportionnelle est la première condition du contrat de 1529 ; dès lors comment admettre que la princesse ait pu conserver un droit ultérieur quelconque sur Leuze et Condé, un droit de rachat moyennant 50,000 écus d'or. Mais prenez bien garde que si ces deux seigneuries ne représentaient, dans l'engagement à l'empereur, que ce capital, elles avaient une valeur intégrale bien supérieure. La preuve en est dans l'aliénation invoquée de 1558, effectuée moyenant une somme double pour la plus petite des deux seigneuries seulement. De telle sorte que c'eût été un avantage considérable que ce privilége de rachat, dans les conditions originaires, au profit de la princesse de la Roche-sur-Yon. Supposez le rachat effectué par celle-ci : voici donc dans ses mains quatre seigneuries, dont deux sont patrimoniales, dont deux autres lui ont été assurées à vil prix? Dites-nous où pouvait être la nécessité d'une semblable concession ? Dites-nous à quoi bon un semblable sacrifice ; et n'oubliez pas que l'opération dont il s'agit ici n'a pas été isolée ; qu'elle s'est reproduite cinquante fois dans le même moment, par des actes identiques, et que le roi de France eût ainsi doublé à plaisir le chiffre déja si considérable des charges pécuniaires dont il payait sa défaite.

Évidemment l'acte de 1529 n'a été qu'un échange ; il s'est trouvé consommé définitivement après un laps de six années en ce sens que la propriété d'Auge et de Mortain a été dès lors définitivement acquise à la famille de la Roche-sur-Yon, en ce sens aussi que la propriété de Leuze et de Condé s'est trouvée irrévocable sur la tête du roi ; avec cette circonstance seulement de la jouissance engagée à l'empereur, mais à laquelle un droit de rachat perpétuel permettait au roi de mettre fin. Voilà notre point de départ. Tout concourt à le fixer nettement : les actes sont là : contrat, procurations, prise de possession, lettres patentes d'Henri II et de Charles IX, tout est décisif ; les principes sont d'accord avec les actes, et les déductions toutes de raisonnement auxquelles nous venons de nous livrer, mettent le dernier sceau d'évidence à l'ensemble de cette démonstration.

Mais pourtant, nous dit-on, la famille de la Roche-sur-Yon-Montpensier avait bien le droit de racheter Leuze et Condé ; l'acte même de 1529 le dit. Sans doute, mais on cherche à confondre ici deux choses distinctes : l'hypothèse du rachat par le roi pendant les six années stipulées et l'hypothèse du non rachat pendant cette période. Dans la première hypothèse, il fallait bien accorder la faculté d'exercer le rachat à *ladite dame et aux siens ;* car l'engagement ayant été fait directement à l'empereur par la princesse, pour le compte et au nom du roi, il était nécessaire qu'ici même elle intervînt pour effectuer l'opération inverse qui devait en définitive faire rentrer entre ses mains ses deux seigneuries patrimoniales. Mais dans le cas où la résiliation de l'échange n'aurait pas été effectuée dans les six années, l'acte d'échange réserve bien le rachat direct au roi par ces mots *et autrement* suffisants à sauvegarder son droit.

Ces mots aussi, *rachat par le roi ou le prince,* que l'on trouve dans l'acte de cession de 1531 par Charles-Quint à M. de Roghendorff n'ont pas d'autre signification. En 1531, on était encore dans le délai des six années stipulées. Si le roi payait l'empereur, Leuze et Condé devaient revenir dans les mains des propriétaires originaires, et revenir par une intervention directe de leur part. Il ne doit rester de cet acte de 1531 que le souvenir du mot *gagièrement,* qui y figure comme la constatation par l'empereur lui-même de l'origine du bien qu'il transmet à son tour, et comme le témoignage de la reconnaissance par tous à cette époque des véritables droits du roi de France que nous cherchons à préciser aujourd'hui.

D'ailleurs la confusion est ici impossible. Cette faculté de rachat perpétuel est si bien le droit du roi et du roi seul, qu'elle est formellement réservée par le traité de Cambrai, où apparemment la princesse de la Roche-sur-Yon n'était pas partie; le roi seul y figure. Le rachat y est formellement stipulé à son profit et en vue même de l'hypothèse qui s'est réalisée, en vue des terres que le roi fait avoir à l'empereur. Ainsi vous n'avez même pas la ressource de prétendre qu'il s'agissait dans le traité de terres appartenant au roi et directement engagées par lui. Non, le traité stipule précisément en prévision de l'engagement des terres des sujets du roi, engagement qui ne pouvait se réaliser qu'à la suite d'un échange préalable ou simultané. Ce droit de rachat stipulé par un acte international est chose à régler entre le roi et l'empereur. Le traité de Cambrai est formel sur ce point :

« Pour par ledit empereur.... jouir et user desdites terres et seigneuries et revenus d'icelles par leurs mains à conditions de rachat tant et jusques à ce que ledit rachat soit fait, lequel rachat se fera tout àune fois et sans décompte ni rabat des fruits, profits et revenus desdites terres du temps qu'elle auront été ès-mains dudit seigneur empereur, de sesdits hoirs et successeurs.

Le droit de rachat appartient donc au roi, et il ne peut appartenir qu'à lui seul, car cette stipulation du rachat *tout à une fois, en bloc,* n'est réalisable que par le roi. Son intervention n'est pas ici un fait secondaire, c'est, au contraire, le fait essentiel, indispensable.

Nous voici arrivés à l'objection favorite de nos contradicteurs ; je veux parler du rachat qu'aurait effectué en 1558 le prince de Montpensier, de la terre de Condé. On nous dit : le droit de rachat appartenait si bien à la famille de la Roche-sur-Yon, qu'en fait elle l'a exercé, exercé sans résistance. Le fait prouve le droit. Voilà l'objection dans toute sa simplicité, et je crois aussi dans toute sa force.

Mon Dieu ! j'avoue d'abord que je me défie profondément de cet acte de rachat de 1558, il est apparu bien tardivement dans la discussion, et c'est un acte bien singulier dans sa configuration extérieure même. Il porte la signature du notaire seulement qui l'aurait reçu ;

les signatures des parties n'y figurent pas. A quelle époque, dans quel temps une semblable omission a-t-elle pu être indifférente ? Oui, je redoute dans cet acte une manœuvre de la nature de celles qui apparaissent si fréquentes dans tous les actes émanés du duc de Croï. Le duc de Croï a tout fait, dans les manuscrits historiques par lui rédigés, pour dissimuler l'origine distincte des deux seigneuries, la seigneurie de Bailleul et la seigneurie Gagère, réunies entre ses mains. Il a tout fait pour les assimiler l'une à l'autre, et pour effacer la trace du vice originel qui entachait la propriété de la seigneurie du Château. On a supposé des aliénations, on a fabriqué des plans, et toutes ces armes d'un autre temps servent précisément aujourd'hui aux ayant-droit du duc de Croï à poursuivre la réalisation du but qu'on se proposait en les forgeant.

Je crains ici et instinctivement quelque chose de semblable. Il est en effet certains points qui restent entièrement inexplicables dans ce système du rachat de 1558. Le duc de Croï, dans l'histoire manuscrite de sa famille, se laisse lui-même aller à cet aveu que la seigneurie Gagère a été acquise de M. de Roghendorf par M. Delalaing, ce qui fait complètement disparaître le duc de Montpensier et le rachat intermédiaire qu'on lui attribue. Deux actes du temps nouvellement recueillis et nouvellement produits en justice contiennent une mention identique.

D'un autre côté, en 1743, le conseil du duc d'Orléans était appelé par un adversaire du duc de Croï à examiner la question de savoir si un droit de rachat quelconque appartenait encore à la famille Montpensier ; on ne s'expliquerait guère que dans un semblable débat la constatation de ce rachat, antérieurement exercé, ne se rencontrât pas, comme une fin de non-recevoir insurmontable.

Enfin il est à remarquer aussi que les actes de relief même produits par nos adversaires et remontant à 1593 et 1671, ne rappellent point dans l'exposé chronologique qu'ils contiennent, et qui poursuit jusqu'à M. de Roghendorf la filiation du droit de propriété, ce rachat effectué par M. de Montpensier, et cette aliénation prétendue consentie aussitôt au profit de M. de Mansfeld.

Il n'est pas justifié davantage de l'accomplissement, dans ces circonstances, des œuvres de loi, dont nos adversaires font, en Hainaut, une condition impérieuse de la transmission de propriété, et un certificat, émané de l'archiviste général de Bruxelles, établit que le livre du grand bailli garde à l'époque indiquée le silence sur tout acte de cette nature.

Quel est d'ailleurs le caractère véritable de l'acte même produit? Cet acte est un procès-verbal d'offres faites par M. de Montpensier, prétendant exercer sur les terres de Condé le droit de retrait à lui réservé par l'acte de 1529. Cet acte est suivi d'un *acte de garantie* semblant se rattacher à une vente que le prince de Montpensier, captif de M. de Mansfeld, après la journée de Saint-Laurent, aurait consenti à celui-ci moyennant 110,000 écus d'or, dont la moitié représentait la rançon du prisonnier. L'acte de vente même n'est pas produit, et il est permis de supposer, alorsque la vente entraînait de droit et par elle-même garantie au profit de l'acheteur, qu'un acte spécial n'est intervenu qu'à raison des complications spéciales qu'il était naturel de prévoir. Ces documents encore une fois et la donation consentie par M. de Mansfeld à M. Delalaing ne sont pas signés des parties : ce sont des copies de copies dont nous pouvons, sans trop de sévérité, répudier l'autorité.

Une très grande obscurité enveloppe donc cette opération. Tout au plus pourrait-on croire qu'il y a eu en effet, à une certaine époque, un projet de rachat, une tentative de rachat, fondés sur une erreur de droit. Ainsi s'expliqueraient la plupart des circonstances singulières dont s'emparent nos adversaires. Le prince de Montpensier, captif, aurait été amené, par les nécessités mêmes de sa délivrance, à tenter de profiter des avantages considérables que pouvait présenter le rachat des terres dont il s'agit. A ce moment, M. de Roghendorf n'était pas en possession de ces terres : il en avait été dépouillé par un acte de confiscation de Philippe II, et son beau-frère les avait recueillies. M. d'Etinghe, surpris par cette prétention de rachat, aura d'abord laissé faire ; mais les faits se seront éclaircis : le rachat ne se sera pas accompli. M. de Roghendorf aura ressaisi plus tard sa propriété, la confiscation étant levée par Philippe II ; la transmission se sera directement effectuée alors de M. de Roghendorf à M. Delalaing. Voilà les explications que nous croyons pouvoir donner en fait sur ce fameux acte de rachat, le grand argument de ceux que nous combattons.

Mais, en droit, remarquez-le bien, nous n'avons en aucune façon à nous en préoccuper. Tout ce que je viens de dire, je l'efface. J'ai cherché à expliquer ce qui avait pu se passer en 1558. C'était là une concession passagère. Je la retire et je dis à mes adversaires : Vous vous méprenez sur la position véritable de la question que nous débattons. Qu'est-ce que je cherche à établir comme point de départ nécessaire de cette discussion ? Je cherche à établir le droit de propriété du roi sur la terre de Condé en 1529 ; pas autre chose. De deux choses l'une, ou j'ai réussi à déterminer par les preuves nombreuses auxquelles j'ai fait appel, la conviction de la Cour, ou j'ai succombé. Si j'ai succombé, tout est dit, et vous n'avez pas besoin d'aller au delà. Mais si j'ai réussi, comme j'en ai le sentiment intime, si j'ai démontré l'échange, si j'ai établi le fait de la propriété respectivement conférée, je n'ai pas autre chose à prouver ; le fait du rachat de 1558 même justifié, serait dès lors sans portée : ce serait un acte fait sans droit, nous n'aurions pas à nous en préoccuper. Le prince de Montpensier n'aurait eu, comme ses prédécesseurs, que des droits imparfaits, et il n'aurait, à son tour, transmis à ceux qui l'ont suivi que ces droits mêmes. Le droit de propriété du roi planerait encore inaltérable et sacré au-dessus de toutes ces transmissions successives !

J'écarte une dernière objection et j'ai fini sur ce point. Dans la consultation produite devant le conseil d'État par la Compagnie d'Anzin, on a bien compris que cette question de la propriété de Condé par le roi, en 1529, était le nœud du procès et on a tout fait pour le briser. On a dit notamment que Leuze et Condé étaient dans le Hainaut. Or, il y avait dans ce pays de nantissement certaines formes rigoureuses dont l'observation suffisait seule à réaliser la tradition au profit de l'acheteur. Il fallait qu'il y eût déshéritance et adhéritance, c'est-à-dire emploi de certaines pratiques symboliques sans lesquelles le contrat même, comme à Rome, n'était qu'une lettre morte. L'idée était ingénieuse et bien digne assurément de l'esprit fin, un peu subtil, qui l'avait conçue.

Mais il est facile de faire tomber l'objection.

D'abord, dans cette situation tout exceptionnelle que l'ancien droit faisait à la royauté, en présence de ce respect du vieux temps pour une personnalité dans laquelle s'absorbaient tous les pouvoirs, il était de principe que les formalités d'usage dans telles ou telles coutumes, que les œuvres de loi ne pussent être requises quand il s'agissait du prince. *Sa présence vaut toute solemnité*, dit Dulauri. Un très grand nombre d'actes de cette époque attesteraient au besoin la réalité de cette doctrine. Je n'en veux citer qu'un seul témoignage et je l'emprunte aux faits mêmes du procès. L'acte d'engagement d'Englemoutiers cédé à Charles Quint par le prince de Clèves, en vertu aussi du traité de Cambrai, porte cette mention expresse, et il nous est assurément permis de supposer, tous ces actes ayant été faits dans un même but et sur un même modèle, que l'acte d'engagement du 12 avril qui n'est pas représenté, renfermait une clause semblable.

Il ne faut pas dire que le roi de France, alors qu'il s'agissait de biens situés dans le Hainaut, et que le statut réel seul régissait, disparaissait pour ne plus laisser en présence de la loi coutumière qu'un simple particulier. Ce n'est pas le droit commun qui règle ici la situation du roi. L'acte qui le lie est un traité, un acte international dominant la loi vulgaire, et quand le traité de Cambrai stipule un engagement, stipule un rachat, il tend à la réalisation du but déterminé entre les parties, au mépris de tout obstacle banal et de toutes entraves communes.

D'ailleurs, l'omission même des œuvres de loi ne conduisait pas dans la législation de Hainaut à la nullité radicale de l'acte qu'elles n'avaient pas accompagné ; cette omission avait seulement pour effet, comme l'omission aujourd'hui des formalités ayant pour but de donner date certaine à un acte, de rendre inopposable aux tiers l'acte privé de cette publicité dont certaines pratiques symboliques devaient l'environner. Mais entre les parties le contrat n'était pas moins consommé, la propriété, par exemple, n'était pas moins transmise. Ce point de doctrine semble établi au Répertoire de jurisprudence, au mot *Nantissement*. Au point de vue où nous sommes placés, l'omission des œuvres de loi serait donc sans portée.

Enfin, il était universellement admis dans l'ancien droit que la possession prolongée suppléait aux œuvres de loi. Vingt et un ans pour cela suffisaient. Coignaux, *Pratique de retrait*, p. 92, dit formellement qu'un acheteur non ensaisiné ne pouvait, en la province de Hainaut, acquérir la propriété que par un terme de vingt et un ans, et il ajoute que cette prescription *equipolle a vest et a devest*. Le défaut des œuvres de loi aurait donc été couvert ici en 1550. La jouissance de Charles Quint, ou de ses ayant-cause, suffisait, en effet, avec les caractères qui particularisaient cette détention et que nous apprécierons tout à l'heure, à sauvegarder le droit du roi et à le compléter par la prescription, si quelque vice l'entachait dans son origine.

Voilà, Messieurs, l'ensemble des considérations que j'avais à vous soumettre sur cette première partie du débat; j'espère avoir fait passer dans vos esprits la conviction profonde qui m'anime. Vous me permettrez donc de prendre pour point de départ de mes recherches ultérieures ce premier résultat dégagé de l'examen auquel nous venons de nous livrer : *le roi était, en 1529, propriétaire, par voie d'échange, de la seigneurie de Condé.*

Que va-t-il advenir maintenant?

Le roi n'avait aliéné Auge et Mortain que par voie d'échange. Il ne va pouvoir disposer de Leuze et de Condé, produit de l'échange, que par voie d'engagement. Le roi engage donc sa propriété nouvelle. Qu'est-ce que le contrat d'engagement? Quels droits confère-t-il? Évidemment, il ne peut transférer la propriété puisqu'il a précisément pour objet de donner quelques-unes des facultés de l'aliénation sans arriver jusqu'à l'aliénation même qui est interdite. Mais il est important de savoir quelle est la portion de droits dont se dépouille le propriétaire, et quelle est celle qu'il conserve. Conserve-t-il notamment le droit de haute justice ? Le Tribunal voit où nous voulons en venir et comment ce dernier examen se rattache à la chaîne de nos démonstrations successives.

2° *Charles-Quint simple engagiste de Leuze et Condé.*

Les jurisconsultes de l'ancien droit varient, lorsqu'ils cherchent, à titre d'exemple, dans le droit commun un contrat analogue au contrat d'engagement. Fréminville fait de l'engagiste un dépositaire ; Denisart l'assimile à l'usufruitier ; il lui attribue la simple jouissance des fruits. Chopin, d'Aguesseau, Lefèvre de la Planche, Merlin, établissent, je crois, une analogie plus exacte en prenant pour terme de ressemblance l'antichrèse. Le caractère indéterminé de la durée de l'engagement se prête, en effet, assez convenablement à ce rapprochement.

Comme conséquence de ce principe, voici le résultat auquel on arrive. Il n'y a rien de changé à la seigneurie par l'engagement. La seigneurie demeure toujours au roi. *Les droits utiles seuls passent à l'engagiste. Les droits plus personnels que réels*, comme dit Dumoulin, *plus honorables qu'utiles, sont réservés à la personne du roi. Le roi conserve tout l'honorifique du domaine engagé*, dit Pothier, et c'est là la différence entre l'engagement et l'apanage. C'est que malgré la réversion éventuelle à la couronne de la terre apanagée, à défaut d'enfants mâles, l'apanagiste est propriétaire.

Que découle-t-il de ces observations premières? Entrons dans les détails :

L'engagiste ne peut recevoir foi et hommage; ce droit appartient au roi seul.

L'engagiste ne peut constituer un arrière fief;

L'engagiste ne peut saisir en son nom les fiefs relevant du domaine engagé, faute de devoirs non payés. La saisie ne peut être effectuée qu'au nom du roi.

L'engagiste ne peut pas prendre le nom de la terre.

L'engagiste n'a pas enfin le droit de haute justice. Il en peut seulement recueillir les émoluments. Si la justice même se trouvait conférée par le titre d'engagement, l'engagiste ne puiserait dans cet abandon que le droit de nommer les officiers judiciaires. La justice n'en continuerait pas moins d'être rendue au nom du roi. Tous les domanistes et tous les feudistes sont d'accord sur ce point.

Loyseau, dans son Traité des offices, dit :

Ès engagements de terres vendues à faculté de rachat, la justice s'exerce au nom du roi seul, et ainsi s'observe notoirement partout, et j'ai vu donner un arrêt portant défenses d'en user autrement; et aussi dans ces mêmes terres les offices de la justice demeurent en la libre collation du roi, et n'y ont régulièrement les acquéreurs aucun droit de nomination, sinon qu'elle leur ait été nommément vendue, et encore en ce cas n'ont-ils que la nomination des offices précisément spécifiés en l'évaluation qu'on a coutume de faire lors de cet engagement, pour ce qu'en matière odieuse il n'y au marché que ce qu'on y met.

Bacquet, dans son *Traite des droits de justice*, s'exprime ainsi :

« Ceux qui tiennent en engagement du roi, les seigneuries èsquelles y a droit de justice haute, moyenne et basse, ne peuvent faire exercer la justice en leurs noms, ni prétendre aucun droit de provision ès bénéfices et offices dépendants desdites seigneuries, comme il est porté par le 333ᵉ article de l'ordonnance de Blois. Et si ceux qui tiennent en engagement du roi, contraignent les vassaux dudit seigneur à leur faire foi et hommage, ce sont abus et entreprises sur les droits du roi, qui ne doivent être tolérés, mais réprimés, tant par messieurs des comptes, que par messieurs les trésoriers de France, protecteurs et conservateurs du domaine de la couronne : lesquels pareillement doivent tenir la main à ce que les justices ne soient exercées sous les noms des acquéreurs du domaine, et qu'ils ne pourvoient aux offices ; car si on tolère cette entreprise, ceux qui tiennent en engagement les châtellenies du roi, pourront facilement s'approprier la mouvance des fiefs dépendants desdites châtellenies, *et par succession de temps soutenir qu'ils sont mouvants des terres et seigneuries qui leur appartiennent en pleine propriété, proches et contiguës des châtellenies et fiefs du roi, desquels ils jouissent par engagement* (1).

Et Fréminville, dans ses *Principes des fiefs*, dit :

« Les engagistes, douairières et usufruitiers à vie et à temps des terres et seigneuries qui font partie du domaine du roi, n'en sont que les usufruitiers et non les propriétaires; par conséquent, ils ne peuvent rien vendre, démembrer, échanger, aliéner, ni détériorer.... L'abus de ces usufruitiers est qu'ils ont coutumièrement quelques fiefs qui leur appartiennent en propriété dans le voisinage de leur engagement, à la faveur de laquelle propriété ils font confusion de ce qui appartient au roi d'avec ce qui leur est propre, et n'en font qu'une même chose; par la suite, ils se font passer des reconnaissances nouvelles de leurs fiefs et y joignent insensiblement les cens et redevances dus au roi, comme faisant partie de leurs fiefs ; en sorte que, d'un fort petit livre terrier d'un fief, ils s'en font un considérable. J'ai vu un engagiste du domaine, dont le terrier peut être d'une vingtaine de feuillets en cens, qui avait eu le secret d'en faire sept à huit volumes *in-folio* par des reconaissances passées en son nom, et non à celu, du roi, et en toute justice, tandis qu'elle appartenait au roi : usurpation, non seulement de cette justice, droits seigneuriaux, mais même du château du roi : il y en a tant de ce genre-là, qu'il est inouï qu'on puisse même le penser : cela est cependant très constant. »

Ces passages sont du plus grand intérêt; ils éclairent d'une bien vive lumière les empiétements successifs du duc de Croï, pour arriver à confondre dans un même droit de propriété absolue la seigneurie de Bailleul et la seigneurie Gagère. L'usurpation se fait modeste au début. Elle gagne du temps. Les origines se confondent et s'obscurcissent, et l'engagiste se relève un jour avec des prétentions de pleine propriété. Encore une citation et j'ai fini. Henrion de Pansey, dans ses dissertation féodales, résume à merveille la théorie en ces matières.

« *Puisque l'engagement n'est qu'un contrat pignoratif, puisque l'engagiste n'est qu'un simple usufruitier* , LES JUSTICES ENGAGÉES N'ONT JAMAIS CESSÉ D'APPARTENIR AU ROI ; elles ont conséquemment *conservé leur nature; par conséquent elles sont demeurées justices royales.*

« Mais les officiers de ces justices choisis, nommés, constitués par des particuliers, et ne tenant rien du roi, ne peuvent avoir ni l'autorité , ni les prérogatives, ni le titre d'officiers royaux : ce sont, et rien de plus, de simples juges de seigneurs. »

Je crois que nul doute ne saurait s'élever maintenant sur les principes en eux-mêmes. Faisons-en l'application à l'affaire actuelle. Charles Quint, simple engagiste de la seigneurie de Condé, n'a jamais eu le droit de haute justice sur la seigneurie engagée. Ce droit est resté au roi, au roi seul. Les différents détenteurs successifs qui n'ont pu avoir d'autres et de plus amples droits que Charles Quint lui-même n'ont jamais eu le droit de haute justice ; pas plus le duc de Croï que les autres. En 1749, il était simple détenteur par engagement, exposé à l'exercice du droit de rachat perpétuel stipulé au traité de Cambrai et sans droit de haute justice sur les terres dont s'agit. C'était là la conclusion que nous poursuivions.

Il est difficile de briser la série des raisonnements que nous venons de déduire. Aussi se borne-t-on seulement à contester que ces principes acquis et hors de tout débat en droit français puissent ici trouver leur application. Tout cela serait vrai peut-être, disent nos adversaires, si les terres dont il s'agit eussent dépendu du royaume de France; mais elles étaient sises au pays d'en bas; elles relevaient d'une souveraineté distincte. Le Hainaut alors n'avait pas encore été réuni à la France. L'engagement était un contrat royal avec ses règles, ses conséquences toutes particulières; mais il n'y avait plus engagement là où cessait d'atteindre l'autorité royale elle-même.

L'objection est-elle fondée? Non. La règle ici encore une fois ce n'est pas le droit commun, ce n'est pas le statut réel du Hainaut, c'est la loi internationale seule qui a déterminé la situation du roi de France. Or, n'y a-t-il pas dans la promesse faite par François Ier au traité de Cambrai, la réserve implicite du respect des principes français et des lois fondamentales de la monarchie? Qu'on remarque bien que le droit public français à cet égard n'était pas en lutte avec le droit public sous l'empire duquel se trouvaient placées les terres de Leuze et de Condé; rien ne faisait obstacle à ce que François Ier fût en Hainaut seigneur haut justicier tout comme l'eût été un simple seigneur flamand. Dès lors, quand le traité de Cambrai intervient, quand le parlement l'enregistre, ne faut-il pas croire que les principes français sont sauvegardés, que l'acte stipulé par avance, et qui va s'accomplir, ne s'accomplira pas en contradiction avec ces principes, et qu'il les respectera au contraire ?

Tout semble démontrer dans le traité de Cambrai même que telle a été en réalité la volonté des contractants : l'aliénation faite par François Ier n'est évidemment faite qu'avec des conséquences imparfaites. C'est une simple garantie de l'intérêt du capital dû. Et s'il faut donner en droit commun à cet acte une qualification, il faut y reconnaître un véritable contrat d'antichrèse. Or, nous avons établi tout à l'heure que le contrat d'engagement, mode d'aliénation pour le roi des terres domaniales, n'était pas autre chose.

L'examen auquel nous nous sommes livré des effets du contrat d'engagement était donc parfaitement à sa place, et les conséquences auxquelles il nous a conduit doivent nous demeurer acquises.

Mais que se propose-t-on en refusant de donner à la cession faite à l'empereur cette signification ? On se propose d'établir que cette cession avait simplement, par le droit du Hainaut, le caractère d'une vente à réméré, d'une vente avec faculté de rachat. Et on dit : la vente à réméré constitue l'acheteur propriétaire, et la haute justice passe sur sa tête avec la propriété même. N'en fût-il pas ainsi, la clause de réméré était prescriptible, et à coup sûr, en 1749, la prescription avait consacré définitivement et sans réserve les droits des propriétaires de Leuze et de Condé.

Messieurs, pour qu'il en fût ainsi, il faudrait qu'à une époque antérieure à 1749 même, le Hainaut ne fût pas devenu partie intégrante du territoire français. C'est en 1678 que se place le fait de la conquête et de l'annexion. Le jour où cette réunion s'est accomplie, les principes français de l'inaliénabilité du domaine et du contrat d'engagement sont immédiatement devenus applicables, s'ils ne l'avaient pas été jusqu'alors. Le roi ne pouvait être en France vendeur à réméré. Il ne pouvait qu'engager. Et si à l'origine, par la situation topographique des terres cédées, il ne devait être, ainsi qu'on le prétend, considéré que comme un simple particulier, le jour où la victoire a refait la géographie, et où le particulier a disparu devant le souverain, l'acte primitif a subi une transformation semblable : il est devenu contrat d'engagement. Le roi s'est trouvé propriétaire, comme il avait toujours dû l'être en droit français, propriétaire de Leuze et de Condé, et comme propriétaire, seigneur haut justicier. De 1678 à 1749, date de la conquête, cette situation a été inattaquable par aucune voie, et nous en revenons toujours à cette conclusion dernière : en 1749, le roi de France était seigneur haut justicier de la seigneurie Gagère.

Nous reconnaissons nous-mêmes qu'il en serait autrement si le détenteur, en admettant l'application exclusive des chartes du Hainaut, avait pu prescrire la faculté du rachat avant l'annexion du Hainaut à la France. Mais en Hainaut la faculté de réméré, portée au contrat de vente, était imprescriptible, et à cet égard le Hainaut allait plus loin que la France. En France, dans l'ancien droit, la faculté de rachat se prescrivait par trente ans.

Il est facile d'établir ce point de doctrine. Duniéés, dans sa jurisprudence du Hainaut français, p. 372 et 373, dit *que la faculté de réméré, portée par le contrat indéfiniment et sans aucun terme préfix ou même à toujours, est imprescriptible par quelque laps de temps que ce soit.*

D'ailleurs, en Hainaut pas plus qu'en France, on ne pouvait prescrire contre son titre, et le caractère du titre originaire peut être par nous considéré comme bien définitivement fixé. On ne l'aurait pu que s'il y avait eu interversion. Or, cette interversion, où serait-elle ? L'empereur est le contractant originaire. Il cède à M. de Roghendorf ses droits sur Condé ; mais l'acte de cession de 1531 dit formellement que la terre est détenue *gagièrement.* Le prince de Montpensier rachète en 1558. Soit ; mais les actes mêmes produits pour arriver à cette constatation relatent l'opération originaire. Il faut en dire autant de la donation par M. de Mansfeld à M. Delalaing. Le vice antérieur est donc toujours rappelé. Nul entre ces cessionnaires successifs n'a pu se croire propriétaire incommutable ; et depuis M. Delalaing, il n'y a pas eu de titre nouveau. La seigneurie du Château a passé par les femmes dans la maison de Croï.

Soit qu'on se place donc au premier point de vue où nous avons cru devoir nous placer, celui de l'engagement, soit qu'on accepte même la prétention de nos adversaires d'effacer ici les principes français, pour ne tenir compte que de la législation du Hainaut, il nous est permis d'atteindre le même but et de réaliser la même démonstration.

On nous oppose un précédent : En 1726, un sieur Taffin, acquéreur de la terre de Vieux-Condé, crut pouvoir revendiquer la haute justice sur Vieux-Condé. Le duc de Croï opposa que de temps immémorial Vieux-Condé avait été compris dans le bailliage de Condé. Un arrêt du conseil du 26 octobre 1726 écarta la prétention de M. Taffin et maintint les officiers de Condé dans l'exercice de la haute et moyenne justice à Condé. Cela est vrai, Messieurs, mais, devant le parlement de Douai, le procureur-général Verminen, dans ce débat même, prenait des conclusions par lesquelles il réservait formellement les droits de la couronne. A travers ces débats d'intérêts privés qui s'agitaient devant lui. il entrevoyait la question domaniale qui pouvait s'y trouver confondue et qu'il s'efforçait de dégager.

Ce débat réservé s'engagea en effet. Le fermier du domaine intervint, et le 5 mars 1733, un arrêt le déclara mal fondé dans sa demande. On voudrait aujourd'hui, rattachant la haute justice de Vieux-Condé à la seigneurie gagère, présenter comme vidée et résolue déjà, vis-à-vis du domaine même, la question que nous agitons; mais la difficulté n'est pas la même. Il s'agissait de savoir alors si la justice de Vieux-Condé était indépendante de celle de Condé, et si cette justice n'appartenait pas au roi comme comte du Hainaut. La prescription fut admise; il n'y avait pas de titre, et l'on ne saurait s'en étonner. Ce qu'il faut voir seulement dans ce premier débat, c'est la vérité des faits qui nous occupent entrevue, c'est le droit du roi pressenti alors par le procureur-général Verminen s'exprimant ainsi :

« Par les lettres patentes de 1531, il paraît que le roi de France et ses successeurs avaient la faculté de racheter la terre de Condé, cédée par le traité de Cambrai.

« Je sais qu'elle a été longtemps à la maison de Bourbon, que d'elle une illustre branche a pris le nom de Condé, qu'elle porte encore; que le roi jouit encore actuellement de la collation des canonicats et prébendes en partage avec la maison de Croï. Il paraît de mon devoir de m'instruire à fond pour pouvoir discerner ce qui est dû au roi légitimement à Condé, au Vieux-Condé et au Rieux, et cela ne se peut pas par les titres de propriété depuis 1531.

Et ces titres, on les refusait au procureur général ; *on lui faisait voir un titre en parchemin sans en donner lecture ; on assurait de le rapporter avec une copie lisible, sans tenir parole.* Ces passages sont encore empruntés aux conclusions mêmes du procureur-général.

Loin d'être favorables à nos contradicteurs, ces souvenirs les condamnent, au contraire ; ils montrent que cette question n'est pas nouvelle, et qu'elle a déjà surgi dans le passé.

Un document de nature à l'établir également se retrouve encore. En 1742, M. Taffin, l'adversaire acharné du duc de Croï, signale dans un long mémoire au conseil du duc d'Orléans, l'opération de 1529 ; il croit que la famille de celui-ci peut encore exercer le retrait de la terre de Condé et de celle de Leuze. Le conseil du duc d'Orléans examine la question, et il l'a bien vite rétablie dans ses véritables termes. Après un exposé complet des phases de cette affaire, il arrive à cette conclusion : *Le duc d'Orléans ne saurait retirer la terre de Condé, parce qu'au moyen de l'échange, tous les droits du prince de la Roche-sur-Yon, duc de Montpensier, furent transportés au roi François Ier, et aujourd'hui il n'y aurait que le roi qui pût exercer ce retrait, en vertu du traité de Cambrai, et en vertu de la clause insérée dans la vente faite par l'empereur Charles Quint au baron de Roghendorf.*

La question s'est donc présentée il y a plus d'un siècle telle que nous la posons aujourd'hui. La révolution n'avait pas encore emporté dans ses orages et dispersé à tous les vents les actes importants et décisifs que nous cherchons en vain ; il n'y avait pas de lacune alors dans les pièces du débat, et nulle hésitation aussi n'apparaît dans cette consultation, qui semble faite en quelque sorte pour les besoins de notre cause même.

Maintenant que peuvent contre ce faisceau de preuves, les moyens auxquels se sont arrêtés les premiers juges ? Le jugement du Tribunal de Valenciennes roule tout entier sur cette idée, que le roi n'était pas propriétaire en 1529 de la terre de Condé. Il arrive à cette démonstration par la négation de l'échange et par l'omission constatée des œuvres de loi. Ce sont les deux seuls points qui aient appelé l'attention des premiers juges. Je m'y suis longuement arrêté. J'espère avoir fait passer dans vos esprits, Messieurs, une conviction différente de la leur.

Dans notre système, il n'y a pas de lacunes : tout se tient, tout s'enchaîne ; il n'est pas un acte qui reste à l'écart. Depuis le traité de Cambrai jusqu'au mémoire du conseil du duc d'Orléans, nous expliquons tout. En est-il de même de nos contradicteurs ? Non. Les actes originaires, ils les mutilent. Certains documents sont par eux complètement passés sous silence ; certains faits leur sont inexplicables, et par dessus tout, les grands principes sont par eux violés et méconnus.

J'aborde, Messieurs, la seconde question du procès. Elle ne nous arrêtera pas longtemps. Le jugement de première instance ne lui a consacré que quelques lignes, dont la réfutation sera facile.

BOIS DU ROI.

Le bois de Condé était originairement divisé entre plusieurs propriétaires. Nous voyons dans l'histoire de l'hermitage du duc de Croï qu'un quart du bois appartenait au roi par confiscation, qu'en 1523 l'empereur s'empara de cette portion et qu'un peu avant la prise de Condé par le roi de France, Charles Quint, pour éviter la rentrée en possession du vainqueur, la céda aux seigneurs de Croï. *Mais cela étant auparavant au souverain, le roi y rentra en* 1676.

A cette époque, un quart de la forêt se trouvait donc en la possession du roi ; un autre quart appartenait à un seigneur allemand, relevant de la baronnie d'Irconwels ; les deux autres quarts de bois, ou la moitié, appartenaient aux seigneurs de Croï. Le lot du roi et ceux de la famille de Croï étaient indivis entre eux.

En 1704, le duc de Croï s'adresse au roi pour faire cesser cette indivision, et demande qu'on lui vende le quart du Bois du Roi. Cette demande n'est pas accueillie. Le roi au contraire exige le partage, et le 20 mai 1704 il s'effectue par le tirage au sort ; une portion se trouve ainsi définitivement attribuée au roi. C'est celle qui figure au plan placé sous les yeux de la Cour, à droite du chemin de Condé à Bonsecours.

En 1758, le duc de Croï, qui tendait à concentrer dans ses mains la propriété du bois tout entier, se rend acquéreur de ce lot du roi, et acquéreur par la seule voie que les principes que nous connaissons maintenant, permissent au roi, par la voie d'un échange. Le roi reçut pour la portion domaniale qu'il aliénait, la seigneurie d'Auderwick et une portion du bois de Fresnes.

Notre prétention, c'est qu'entre le partage de 1704 et l'échange de 1758, notamment en 1749, époque de la concession dont nous discutons la portée, le Bois du Roi a été possédé allodialement par le roi, hors de la mouvance du duc de Croï et de sa haute justice. C'est donc encore un point du territoire de Condé qui échappe aux concessionnaires.

La Cour comprend déjà combien ce débat est simple, rapproché de celui que nous venons d'épuiser. La réalité du droit de propriété du roi, en ce qui concerne le quart de la forêt de Condé, est hors de toute contestation. En 1749, le roi était propriétaire de cette portion, et ce premier résultat qu'il nous a fallu péniblement poursuivre en ce qui concerne la seigneurie Gagère, nous est ici acquis dès le début. Voyons seulement si le roi, propriétaire, était seigneur haut justicier.

On nous oppose la requête présentée en 1704 par le duc de Croï au roi avant le partage effectué. Il y est exposé que la haute justice appartient au duc de Croï sur toutes les terres de Condé, et qu'il l'exerce seul dans toute l'étendue du bois. Mais c'est là un acte émané du duc lui-même et qui ne saurait équivaloir à la reconnaissance de son droit. Le duc se borne à alléguer d'ailleurs *l'exercice* par lui de la haute justice, et dans l'état d'indivision où se trouvaient les deux propriétaires, un semblable fait ne serait pas la démonstration, à coup sûr, du droit exclusif du duc.

Cet exercice même est bien loin d'être établi ; il est certain par des documents du temps, que le grand maître des eaux et forêts et les officiers de la maîtrise de Valenciennes venaient souvent chasser dans le bois de Condé, et précisément pour réserver le droit du roi ; le droit de chasse étant un attribut et une conséquence du droit de haute justice. Voici ce qu'on lit à cet égard dans l'histoire de l'hermitage du duc de Croï, t. ı, p. 45 :

Les officiers de la maîtrise des eaux et forêts, avant le partage, *prétendaient, leur quart etant ın-divis sur le tout, venir chasser sur ce tout,* OU ILS VENAIENT EXPRÈS QUELQUEFOIS POUR SOU-

TENIR LEURS DROITS..... Après le partage, MM. de la maîtrise avaient toujours la chasse dans leur quart. »

Dans tous les cas, cette question peut être sans danger résolue contre nous; le partage valait attribution de propriété et de propriété complète. Nulle part dans l'acte de 1704 il n'existe de réserve du droit de haute justice au profit du duc de Croï sur la part du roi. Partager le bois en quatre lots *égaux*, tirer au sort celui qui doit appartenir au roi, c'est remettre évidemment entre ses mains une propriété semblable à celle qui repose pour les autres lots sur la tête des autres propriétaires.

Si les actes d'homologation de l'échange de 1758 mentionnent le quart du bois du roi sans le qualifier de seigneurie ou de fief, et si le procès-verbal du commissaire chargé de la vérification de l'évaluation des objets échangés au 16 avril 1764, garde le même silence, c'est précisément aussi par ce motif que la qualification spéciale du quart est superflue, que le quart du bois du roi n'a pas besoin d'une désignation à part, parce qu'il emprunte nécessairement le caractère de la propriété de l'ensemble.

Or voici ce que nous disons : Le roi propriétaire d'un quart du bois en a été nécessairement le haut justicier. Le roi, en effet, ne pouvait relever de la haute justice de personne. Il faut, si difficile que puisse sembler aujourd'hui une conception de cette nature, saisir le caractère véritable de l'état politique de ces temps. Dans l'ancien système monarchique et féodal, le roi est au centre ; tout relève de lui, médiatement ou immédiatement ; mais le roi ne relève de personne. *C'eût été contraire à la majesté du trône*, dit Henrion de Pansey. *Le roi ne reconnaît que Dieu pour supérieur*, disent tous les feudistes. *Saint Antoine*, disait François Ier, dans un juron familier, *chacun tient du roi, le roi ne tient de personne!*

Aussi toute terre acquise par le roi de quelque façon que ce fût se trouvait immédiatement soustraite à la mouvance d'autrui. Un édit, de 1667 renouvelé par déclaration de 1722 porte *qu'à l'instant où le roi acquiert sous la mouvance d'un de ses sujets, cette mouvance s'anéantit, et qu'il ne reste au seigneur qu'une action en indemnité.*

Il en était de la haute justice comme de la mouvance et *à fortiori.*

Si la simple dépendance féodale était incompatible avec la majesté du trône, le roi ne pouvait, à plus forte raison, être justiciable d'un de ses sujets. Henrion de Panscy dans ses *Dissertations féodales* résume à merveille la doctrine sur ce point :

> « Si la simple dépendance féodale est incompatible avec la prérogative royale, à combien plus forte raison la dignité du roi ne serait-elle pas blessée de posséder sous la haute justice de ses sujets, d'être leur justiciable ! c'est ce que Lefèvre de la Planche, dans son *Traité du domaine*, observe avec beaucoup de justesse.
>
> « La dignité du roi serait offensée, s'il était obligé de demander justice à ses vassaux. »
>
> « Aussi, comme nous venons de l'observer, y a-t-il eu des variations quant à la mouvance et aux services féodaux ; mais on n'en voit pas relativement à la justice, si ce n'est à une époque peu éloignée et dont nous parlerons dans un instant.
>
> « *Les auteurs les plus anciens, comme les plus modernes, décident de la manière la plus affirmative que le roi ne peut pas posséder sous la justice de ses vassaux, et que toutes les fois qu'il acquiert une propriété située dans la justice d'un seigneur, à l'instant cet immeuble n'en connaît plus d'autre que celle du roi.* »

C'est donc là aussi un principe certain de notre vieux droit public ; partout où le roi était propriétaire, il était seul haut-justicier.

Le duc de Croï n'avait donc pas, ne pouvait pas avoir, en 1749, sur une propriété domaniale, comme le quart du bois du Roi, ce droit de haute justice qui sert de point de départ à la concession par lui obtenue.

Mais dans ces principes, dit la compagnie d'Anzin, le particulier dépossédé avait droit à une indemnité ; ici, il n'en aurait été accordé aucune au duc de Croï. C'est vrai, et c'est précisément ce qui confirme que le roi, même avant le partage, avait droit de haute justice, droit indivis, mais droit incontestable. Dès lors, n'enlevant rien au duc de Croï, il n'y avait pas d'indemnité à lui attribuer. Ajoutons que s'il en eût été dû une, la propriété du bois de Condé n'eût pas moins passé régulièrement aux mains du roi, avec les attributs inséparables pour lui de la haute justice, et que l'action même en paiement de cette indemnité, eût été prescriptible comme une action personnelle ordinaire.

Il n'y a rien à ajouter à ces considérations ; il est certain que de 1704 à 1758, le roi est demeuré propriétaire d'une part du bois de

Condé. Il est incontestable aussi, qu'au droit de propriété était nécessairement attaché pour lui le droit de haute justice.

C'est à l'aide, Messieurs, de cette double démonstration que nous venons de poursuivre devant vous, que les sociétés réunies sont arrivées à préciser la délimitation véritable de la concession de 1749, et qu'elles ont été conduites à lui attribuer pour limites la ligne à peu près du chemin qui conduit de Condé à Bonsecours.

Ce qui nous semble décisif, c'est que si l'on s'arrête maintenant aux termes de la concession ainsi interprétée en droit, notre système reçoit une consécration nouvelle. Les mots *ses terres au-delà de l'Escaut*, de l'arrêt du Conseil de 1749, conservent toute leur signification géographique, et les concessions antérieures se trouvent dès lors respectés tout aussi bien que les droits du roi sur la seigneurie gagère et sur le quart du bois de Condé. N'oublions pas que c'est d'Aguesseau qui a fait rendre cet arrêt, d'Aguesseau le plus énergique défenseur des droits du domaine, et tenons pour certain que tous les principes et tous les intérêts ont été respectés dans un acte émané de cette haute pensée et de ce grand esprit.

Nos adversaires eux-mêmes n'ont-ils pas enfin interprété la concession de 1749, dans le sens de notre système ?

En fait, nous attribuons nous, à la concession d'Anzin, qui a son principe dans la concession de 1749 et celle de 1751, une superficie totale d'une lieue carrée environ.

Or, il existe un plan daté du 24 thermidor an xii, dressé par un agent de la compagnie pour l'un des principaux actionnaires, qui attribue à la concession, dans son intégralité, la même étendue.

Il y a plus ; la loi de 1791 subordonnait le maintien des concessions antérieures à l'accomplissement de certaines formalités : La première était de faire reconnaître par le département, la contenance et les limites du terrain concédé. La compagnie d'Anzin est ainsi mise officiellement en demeure de s'expliquer ; elle le fait. Déclaration est produite portant que *la concession du Vieux-Nord libre ne contient qu'une lieue carrée environ*. Le Directoire du département donne à cette déclaration la sanction administrative, et un arrêté du 6 prairial an IV attribue d'une manière officielle à la concession tout entière cette même étendue.

Cet aveu est d'une grande valeur. Le maximum légal des terrains houillers concédés était à cette époque de six lieues carrées; toute dissimulation était donc sans intérêt pour la compagnie d'Anzin. Elle disait vrai alors.

Et aujourd'hui, dans ses prétentions du moment, ce n'est plus d'une lieue carrée qu'il s'agit, c'est d'une surface trois fois plus étendue. Les déclarations antérieures, les plans primitivement dressés, tout cela n'est rien, tout cela doit être écarté. Où s'arrêter, Messieurs, entre ces prétentions rivales dont les unes, avec un respect religieux du droit d'autrui, concèdent à celles mêmes qu'elles combattent tout ce qu'elles revendiquaient dans leurs jours de sincérité et de bonne foi, dont les autres envahissantes et usurpatrices s'efforcent de briser tous les liens, d'échapper à toutes les entraves pour accroître et agrandir encore le plus considérable et le plus dangereux des monopoles ? Il faut s'arrêter, Messieurs, là où s'arrêtait, dans son excellent travail, M. l'inspecteur général Garnier, alors que la question actuelle était pendante devant le Conseil des mines. Il faut s'arrêter au système qui concilie les droits anciens avec la liberté nouvelle, qui, sans rien sacrifier, sans rien méconnaître, arrive en droit et en fait sur les deux points successifs de ce grand débat, à la plus entière démonstration, à la plus complète évidence.

La Cour saura le faire. Elle consacrera tous ses soins à l'examen de ce procès; il en est digne. Ces recherches à travers une histoire lointaine et une législation éteinte sont pénibles, mais ne sont pas sans intérêt, Messieurs, pour des esprits tels que les vôtres. Vous vous y livrerez avec le respect de ces vieilles traditions parlementaires que nous avons plus d'une fois rappelées et dont vous êtes les héritiers directs, avec la haute raison du jurisconsulte, avec ce sentiment d'impartialité qui pèse sans fléchir tous les moyens contradictoirement invoqués. Vous prononcerez ensuite. Nous attendons avec confiance et respect votre décision.

152 — Imprimerie et lithographie MAULDE et RENOU, rue Bailloul, 9 et 11.